쉽게 만들어 편하게 입히는

우리 아이
예쁜 바지 만들기

아사이 마키코 저 . 이연심 역

HANDMADE BABY FUKU enanna NO 80~120 CENTIMETER SIZE NO
OTOKONOKO TO ONNANOKO NO PANTS
ⓒ Makiko Asai 2014

Originally published in Japan in 2014 by NITTO SHOIN HONSHA Co., Ltd., TOKYO.
Korean translation rights arranged with NITTO SHOIN HONSHA Co., Ltd, TOKYO,
through TOHAN CORPORATION, TOKYO, and SHINWON AGENCY CO., SEOUL.

독자님의 의견을 받습니다
이 책을 구입한 독자님은 영진닷컴의 가장 중요한 비평가이자 조언가입니다. 저희 책의 장점과 문제점이 무엇인지, 어떤 책이 출판
되기를 바라는지, 책을 더욱 알차게 꾸밀 수 있는 아이디어가 있으면 팩스나 이메일, 또는 우편으로 연락주시기 바랍니다. 의견을 주
실 때에는 책 제목 및 독자님의 성함과 연락처(전화번호나 이메일)를 꼭 남겨 주시기 바랍니다. 독자님의 의견에 대해 바로 답변을
드리고, 또 독자님의 의견을 다음 책에 충분히 반영하도록 늘 노력하겠습니다.

ISBN 978-89-314-5615-8

등   록 : 2007. 4. 27. 제16–4189호
이메일 : support@youngjin.com
주   소 : 서울시 금천구 가산디지털2로 123 월드메르디앙벤처센터2차 10층 1016호 (우)08505

파본이나 잘못된 도서는 구입하신 곳에서 교환해 드립니다.

STAFF
저자 아사이 마키코 | **번역** 이연심 | **총괄** 김태경 | **진행** 정소현 | **본문디자인 · 편집** 최동연, 진정희 | **표지디자인** 임정원
영업 박준용, 임용수 | **마케팅** 이승희, 김다혜, 김근주, 조민영 | **인쇄** 제이엠인쇄

쉽게 만들어 편하게 입히는

우리 아이
예쁜 바지 만들기

아사이 마키코 저 . 이연심 역

Introduction

이 책에서는 심플하고 귀여운 아동용 바지를 많이 담고 있습니다.

모양은 슬림하거나 편안하게, 기장은 숏, 하프, 크롭, 스타킹 등의

여러 가지 변형을 주었습니다.

야외활동을 좋아하는 아이에게 옷이 더러워지는 일은 일상다반사,

그렇다면 바지는 많으면 많을수록 좋겠죠.

바지 제작은 의외로 단순해서, 만들면서 점점 실력이 늘 수 있습니다.

육아로 바쁜 엄마들에게도 만들기 쉽고 재미있는 아이템으로,

마음에 드는 바지를 많이 만들어 보세요.

– 아사이 마키코

Contents

즐거운 바느질

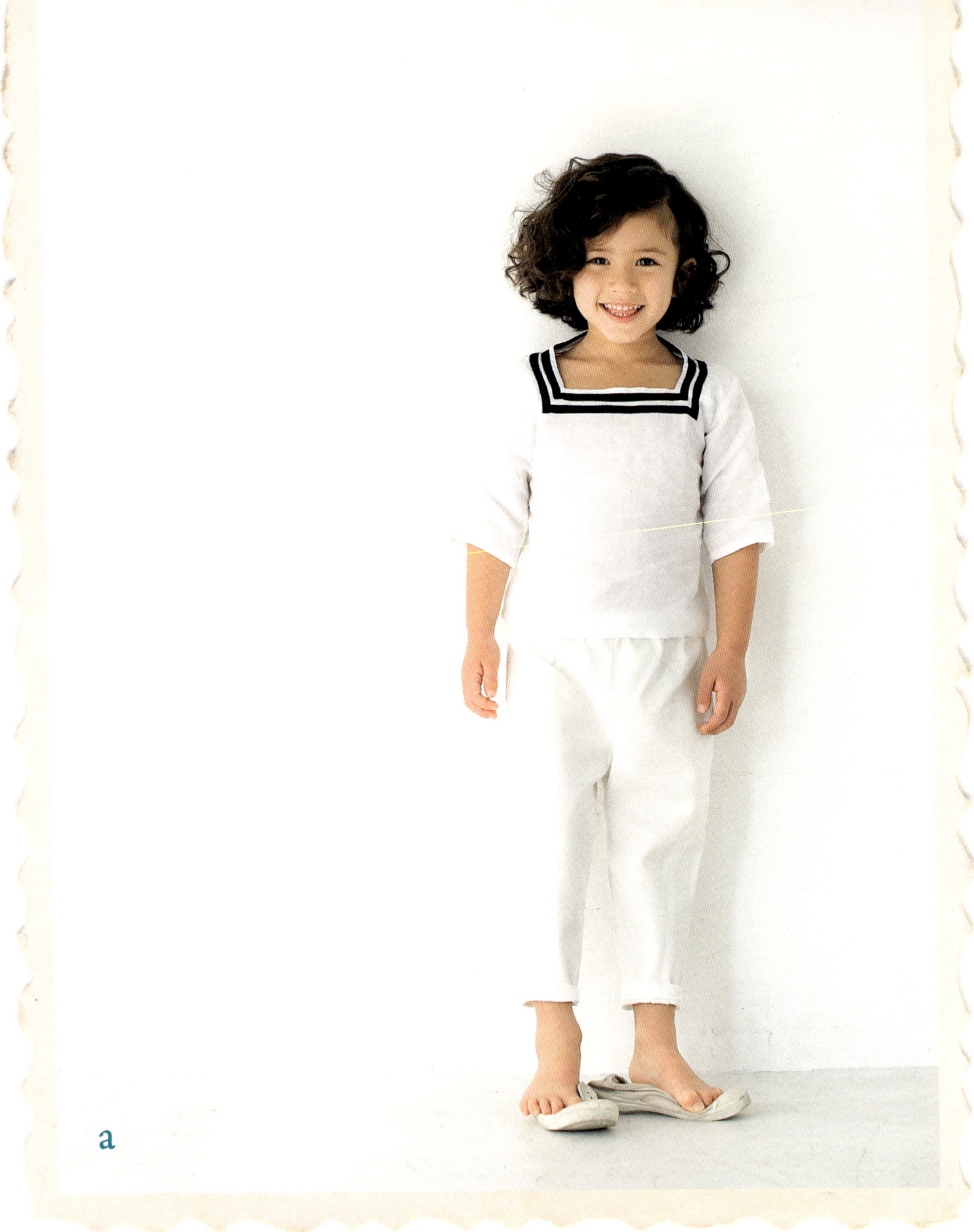

How to make P.36

a

트위스트 사루엘 팬츠(트위스트 배기 바지)

밑아래 길이가 깊고, 넉넉해 편한 사루엘 팬츠예요. 기장은 짤막해요.
허리 춤이 꼬인 것처럼 변하는 모양을 포인트로 쉽게 만들 수 있어요.

실물 패턴지 : A면

원단 제공 : [노무라테마]의 가쯔라기 / 화이트

* 원단 제공의 표기는 [점포명] 상품명 / 색의 순이에요.

a

How to make P.38

b

짧은 반바지

턱(tuck)을 넣어 착용감이 좋은 디자인. 여자아이에게도 추천해요.

실물 패턴지 : A면 | 원단 제공 : [천무늬(nunomoyo)] 코튼 린넨 블록 체크 / 검은색

How to make P.40

C

밑단 리본 매듭 바지

사이드에 매듭지어 있는 리본이 포인트. 레깅스와 코디하면 사계절 내내 입힐 수 있어요.

실물 패턴지 : A면 | 원단 제공 : [노무라테마] 코튼 린넨 더블거즈 프린트 도트 / 레드 X 아이보리

How to make P.42

d

스트레치 팬츠

스트레치 소재로 만든 슬림한 바지, 하나쯤 있으면 어떤 코디에도 유용해요.

실물 패턴지 : A면

원단 제공 : [유럽 양복점의 히데키] 이탈리아 코튼 폴리에스테르 스트레치 / 베이지 / 얼룩 염색 그레이

d

d

How to make P.44

e

이지 팬츠

매끈하게 잘빠진 이지 하프 팬츠, 무늬로 변화를 주는 재미가 있어요.

실물 패턴지 : B면

원단 제공 : [유럽 양복점의 히데키] 린넨 에소젤 소프트 가공

히비스커스 무늬 / 핑크, 머스터드 옐로우

e

How to make P.46

f

올인원 바지

바지의 길이는 조금 짧막하게.
리본이나 벨트를 허리에 둘러도 귀여워요.

실물 패턴지 : B면
원단 제공 : [천무늬(nunomoyo)] 염색 마, 단 스트라이프 / 라이트 네이비

How to make P.32

g

사루엘 살로페트(배기 오버롤)

L 패턴에 변주를 주어 유니크한 살로페트(오버롤).
의외로 간단하게 만들어 멋낼 수 있어요.

실물 패턴지 : B면
원단 제공 : [천무늬(nunomoyo)] 바이오린넨 / 베이지

How to make P.48

h

큐롯 바지

단골 아이템인 큐롯 바지는 리본끈을 달아 조금 어른스러운 디자인이에요.

실물 패턴지 : B면

How to make P.50

i

드로어즈풍 바지

중세풍 속옷 모양의 바지, 옆 솔기선이 없어 심플하게 만들 수 있지만 아이가 입으면 사랑스러움이 느껴져요.

실물 패턴지 : B면 | 원단 제공 : [노무라테라] 리트아니아린넨 선염 / 베이지 X 블루

How to make P.52

j

크롭 바지

고무셔링을 넣은 큰 사이드 포켓이 특징. 무지여도, 무늬가 있어도 귀여워요.

실물 패턴지 : C면

원단 제공 : [천무늬(nunomoyo)] 바니랑바움 / 그레이

How to make P.54

k

조퍼스 팬츠(승마 바지)

승마 바지를 참고한 조퍼스 팬츠는 실루엣이 유니크해요. 남자아이가 입어도 귀여워요.

실물 패턴지 : C면

원단 제공 : [유럽양복점의 히데키] 코인도트 프린트 / 챠콜 그레이

1

m

1

세일러 사루엘 팬츠(세일러풍 배기 바지)

엉덩이 주변이 귀여운 사루엘 팬츠로,
앞면은 세일러 바지를 참고한 디자인이에요.

실물 패턴지 : B면
원단 제공 : [천무늬(nunomoyo)] 하프 린넨 슬라브
소프트와셔 / 핑크

카고 바지

카고 바지는 작업용으로 입었던 바지예요.
적당한 길이의 넉넉한 실루엣은 움직이기 쉬워 착용감이 최고예요.
여자아이도 입으면 잘 어울려요.

실물 패턴지 : C면
원단 제공 : [천무늬(nunomoyo)] 퓨어 린넨 / 프렌치 블루

How to make P.60

n

랩 바지

스커트 같이 보이는 랩 바지에 여자아이가 좋아하는 리본을 달았어요.

실물 패턴지 : D면

원단 제공 : [노무라테라] 코튼 린넨 플라워 프린트 / E

How to make P.62

허리 접이 바지

소수민족풍의 디자인이지만, 고르는 옷감에 따라서 모던한 느낌이 나기도 하고,
상의를 넣어 입어도 귀여워요.

실물 패턴지 : D면

원단 제공 : [천무늬(nunomoyo)] 코튼 린넨 워셔중 체크 무늬

스패츠 (레깅스)

메인이 되기도, 받쳐입기도 하는 스패츠(레깅스), 옷감은 신축성 있는 니트를 선택했어요.

실물 패턴지 : D면

원단 제공: [SMILE]의 케이블 스티치 앨런 셔링 니트 / 부드러운 자연 색감

How to make P.65

9

니트 테이퍼드 팬츠

통이 좁아, 움직이기에 좋은 디자인이 포인트. 옷감을 부드러운 니트 소재로 만들어 룸웨어에도 딱!

실물 패턴지 : D면

원단 제공 : [SMILE]의 히코리 데님 니트 / 인디고 네이비 · 핑크

How to make

활발하게 뛰노는 아이들에게
귀여운 바지를 만들어 줍시다!
홈 장난도 많이 할 수 있도록!

[이 책의 아이 옷 사이즈]

※ 이 책의 아이 옷들은 아래에 사이즈를 바탕으로 한 것입니다.

　신장 80cm, 90cm, 100cm, 110cm, 120cm의 옷을 만들 수 있습니다.

　아이의 치수에 맞게 재단지를 선택하세요. 바지 길이 등은 아이 키에 맞게 조절하면 됩니다.

※ 여자아이 모델은 100cm, 남자아이 모델은 100∼105cm 사이즈의 옷을 착용하고 있습니다.

[옷감을 재단하는 방법에 대해]

※ How to make 페이지의 [재료]로는 아이의 옷을 80cm, 90cm, 100cm, 110cm, 120cm 기준으로 기재하고 있습니다.

　지정되지 않은 경우 한 사이즈가 전 사이즈에 공통 적용됩니다.

※ 실물 패턴지와 마름질 방법에 나열되어 있는 숫자는 80cm, 90cm, 100cm, 110cm, 120cm의 순서입니다.

※ 옷감을 마름질하는 경우에는 마름질 방법을 참고하세요.

　마름질 방법은 크기에 따라 배치가 다를 수 있습니다.

　이 책에서는 100cm 사이즈로 절단 도안을 만들고 있습니다.

[참고 사이즈]

80 ······ 1세 정도, 신장 80cm, 체중 10∼12kg

90 ······ 2세 정도, 신장 90cm, 체중 12∼14kg

100 ······ 3세 정도, 신장 100cm, 체중 14∼16kg

110 ······ 4세 정도, 신장 110cm, 체중 16∼18kg

120 ······ 5세 정도, 신장 120cm, 체중 18∼20kg

즐거운 바느질

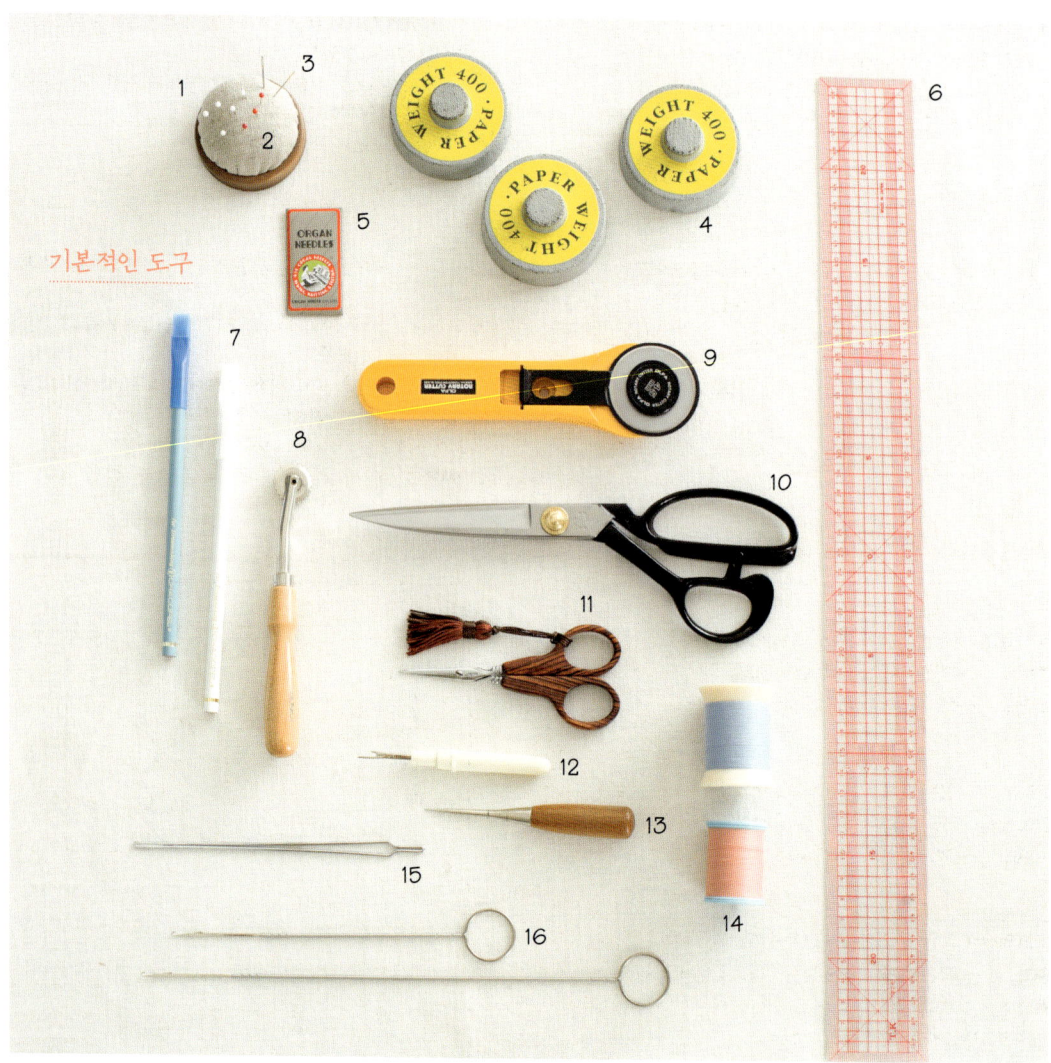

기본적인 도구

1. 핀쿠션
작업 중에 바늘이나 핀을 꽂는데 사용한다.

2. 시침핀
원단이 어긋나지 않도록 시침핀으로 고정하여 사용한다.

3. 손바느질용 바늘
손바느질할 때 사용한다.

4. 문진(누름추)
패턴을 패턴지에 옮길 때 움직이지 않도록 눌러주는 역할을 한다.

5. 재봉틀용 바늘
원단 두께에 따라 적합한 바늘을 사용한다.

6. 모눈자
평행선을 그을 수 있으며, 커브도 자를 세워 잴 수 있다.

7. 초크 펜슬
원단에 패턴을 베끼거나 시접을 표시할 때 사용한다.

8. 룰렛
초크 페이퍼를 사용해서 원단에 패턴을 베낄 때 사용한다.

9. 로터리 커터
원단을 평평하게 놓고 패턴을 따라 칼날을 굴려서 자른다.

10. 재단 가위
원단 이외의 것을 자르면 날이 무뎌질 수 있으므로 원단 전용으로 사용해야 한다.

11. 쪽가위
자잘한 가위집을 내거나 실을 자를 때 편리하다.

12. 실 뜯개
바늘땀의 실을 자를 때나 바늘땀을 풀 때 사용하면 편리하다.

13. 송곳
모서리를 정리하거나 바늘땀을 풀 때 사용한다.

14. 재봉틀용 실
재봉틀이나 원단에 따라 적합한 굵기와 색상의 실을 사용한다.

15. 고무줄 끼우개
허리나 소매에 고무줄을 끼울 때 사용한다.

16. 루프 뒤집개
끝 부분이 갈고리 모양으로 되어 있어서 가는 끈도 손쉽게 뒤집을 수 있다.

재봉틀용 실과 바늘

론(프랑스산 린넨) 등과 같이 아주 얇은 천 – 90번 실, 9호 바늘
보통 두께의 천 ──────── 60번 실, 50번 실, 11호 바늘
보통 ~ 두꺼운 천 ───── 30번 실, 14호 바늘
데님 등과 같이 두꺼운 천 ── 20번 실, 16호 바늘

니트 원단용 실과 바늘

니트 원단을 바느질할 때는 니트 원단용 실과 바늘을 사용한다.
재봉틀은 오버로크를 추천한다.
직선용 재봉틀을 이용하는 경우 어깨선 등을 박을 때는 늘어남
방지 테이프를 붙여준다.

원단의 폭

90 ~ 92cm ────── 깅엄 체크나 실크, 브로드클로스 등
110 ~ 120cm ───── 면이나 린넨, 화학섬유 등
140 ~ 180cm ───── 울이나 니트 원단 등

원단의 명칭

원단 폭 ──────── 가로 방향 원단의 식서에서 반대쪽 식서까
                   지를 가르킨다.
식서 ────────── 올이 풀리지 않게 짠 원단의 양쪽 가장자리
                   이다.
세로 올 방향선 ── 식서와 평행을 이루는 올로, 마름질 방법을
                   나타낸 그림에 화살표로 표시했다.
가로 올 방향선 ── 식서에 대해 직각인 올이다.
바이어스 ─────── 세로 올에 대해 45도 각도로 잘 늘어난다.

원단의 필요량과 기준

90 ~ 92cm

블라우스 ─[몸판 길이 + 소매 길이] x 2 + 30cm
원피스 ──[몸판 길이 + 치마 길이 + 소매 길이] × 2 + 30cm
스커트 ──치마 길이 × 2 + 20cm

110 ~ 120cm

블라우스 ─몸판 길이 × 2 + 소매 길이 + 30cm
원피스 ──[몸판 길이 + 치마 길이] × 2 + 소매 길이 + 30cm
스커트 ──치마 길이 × 2 + 20cm

140 ~ 180cm

블라우스 ─몸판 길이 + 소매 길이 + 20cm
원피스 ──몸판 길이 + 치마 길이 + 소매 길이 + 20cm
스커트 ──치마 길이 + 15cm
(벨트를 다는 경우는 벨트 길이 + 5cm)

*바지의 경우는 치마 길이 부분을 바지 길이로 바꿔준다.

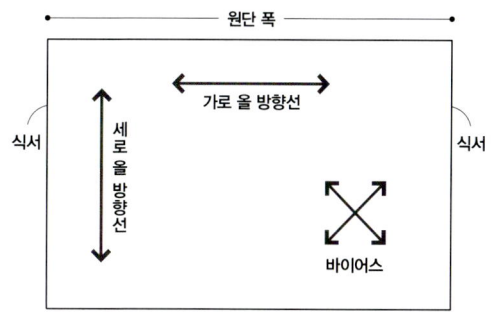

원단의 축임질과 올 바로잡기

세탁에 의해 수축되는 것을 방지하거나 원단 올을 바로 잡기 위해, 원단을 마름질하기 전에 올 바로 잡기를 한다.

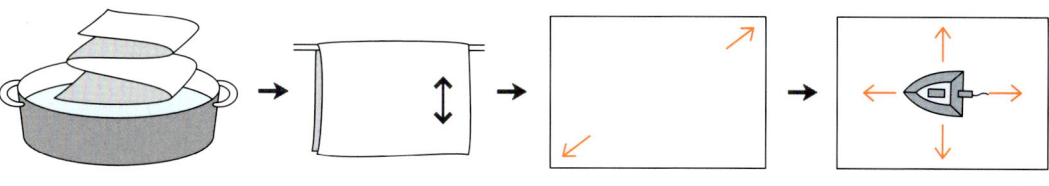

1. 원단을 물에 담가둔다.　　2. 그늘에서 말린다.　　3. 반쯤 말린 상태에서 모서리　　4. 반쯤 말린 상태에서 올 방향에
　　　　　　　　　　　　　　　　　　　　　　　　　 가 직각이 되도록 잡아 당겨　　 맞춰 다림질한다.
　　　　　　　　　　　　　　　　　　　　　　　　　 올 바로잡기를 한다.

패턴 만들기

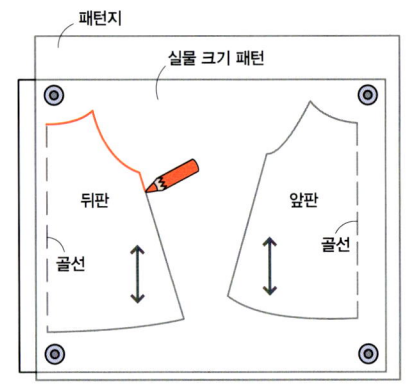

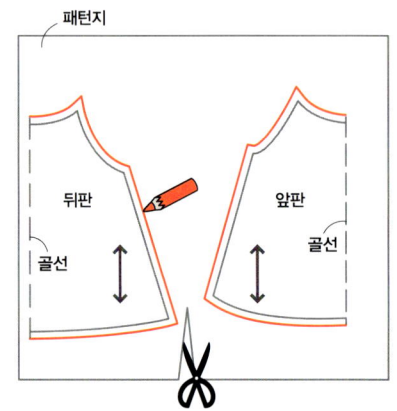

1 실물 크기 패턴 위에 패턴지를 얹은 후 문진으로 어긋
나지 않도록 고정한 다음 연필로 옮겨 그린다. '골선'
이나 '올 방향선', '주머니 다는 위치' 등 패턴 안의 표시도
그대로 옮긴다.

2 마름질 방법을 나타낸 그림을 참조하면서 시접을 표시한다.
패턴지를 완성선을 따라 가위로 자른다.

마름질하기

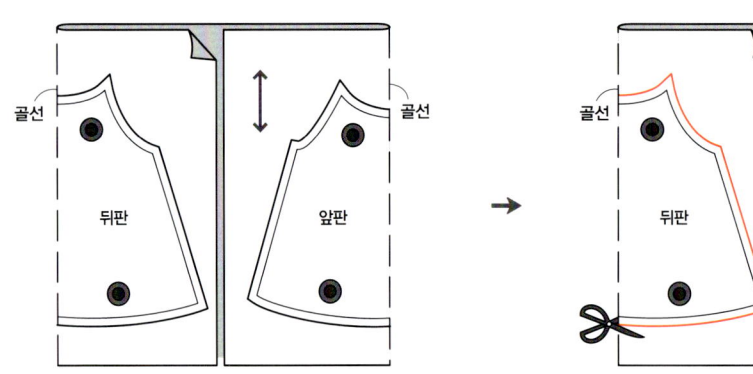

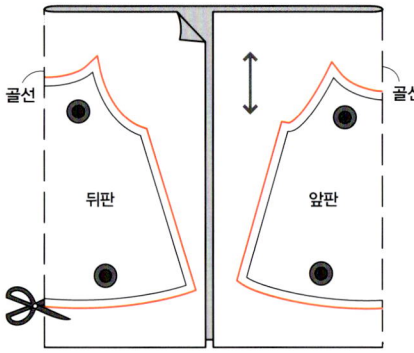

1 마름질 방법을 참고하여 올 방향선이 똑바르도록 원단끼리
겉끼리 마주대로 접는다. 그 위에 패턴을 올려놓고, 패턴의
'골선' 부분과 원단의 '골선' 부분을 맞춘다.

2 잘못된 부분이 없는지 잘 확인한 후 시접선을 따라 자른다.
원단은 평평하게 놓고 가능한 움직이지 않도록 주의하면서
마름질한다.

[마름질할 때의 포인트]

모서리 부분은 시접이 부족하지 않도록 주의한다.
그림과 같이 소매 부분을 마름질할 때는 아랫부분의
시접 분량을 접은 상태에서 원단을 자르도록 한다.

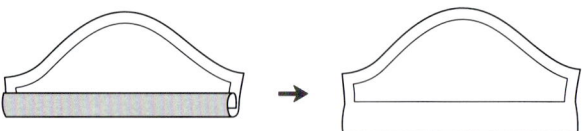

바느질의 기본

■ 골선

원단을 두 겹으로 접었을 때 생기는 부분을 '골선'이라고 한다.

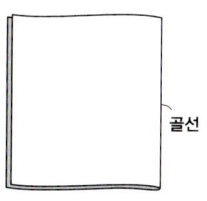

골선

■ 바느질의 처음과 끝

바느질 처음과 끝은 실이 풀리지 않도록 1cm정도 겹쳐서 되돌려 박기를 한다.

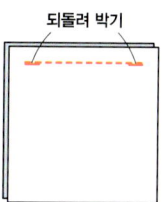

되돌려 박기

■ 겉끼리 마주대기와 안끼리 마주대기

원단의 겉과 겉을 마주 대 겹치는 것을 '겉끼리 마주대기'라고 하고, 안과 안을 마주 대 겹치는 것을 '안끼리 마주대기'라고 한다.

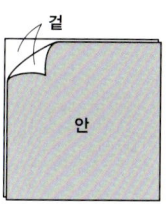

겉끼리 마주대기

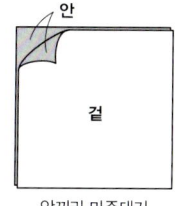

안끼리 마주대기

■ 세 겹으로 접기

밑단이나 소맷부리를 처리할 때 완성선에 맞춰서 한번 접은 다음, 또다시 원단 가장자리를 안쪽으로 넣어서 접는다.

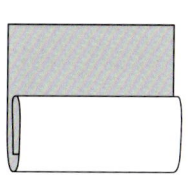

■ 네 겹으로 접기

바이어스 천을 만들 때 가장자리와 가장자리를 중심에 맞춰서 접은 후 그것을 중심에서 또 접는다.

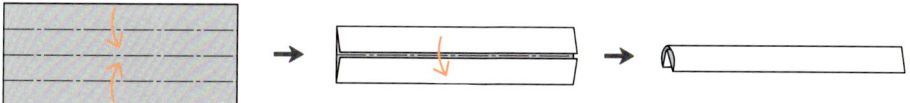

■ 바이어스 천 만들기

원단 올과 45도의 각도에서 필요한 원단을 폭으로 자른다.

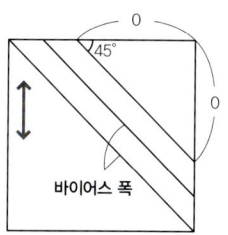

바이어스 폭

■ 바이어스 천을 잇는 방법

2장의 바이어스 천을 겉끼리 마주 대고 직각에 맞춰서 꿰맨다. 시접을 갈라 주고 여분의 시접을 잘라낸다.

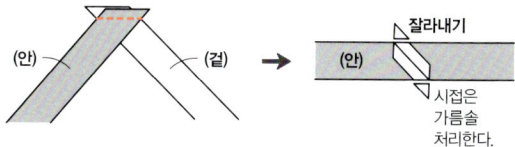

(안)　(겉)　→　(안)

잘라내기

시접은 가름솔 처리한다.

■ 단춧구멍 만드는 방법

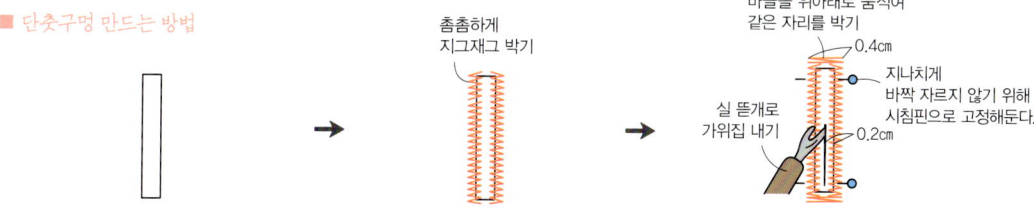

촘촘하게 지그재그 박기

바늘을 위아래로 움직여 같은 자리를 박기

0.4cm

실 뜯개로 가위집 내기

지나치게 바짝 자르지 않기 위해 시침핀으로 고정해둔다.

0.2cm

1. 초크 펜슬로 단춧구멍을 그린다.
2. 촘촘하게 지그재그로 박는다.
3. 실 뜯개로 가위집을 낸다.

g 사루엘 살로페트(배기 오버롤)

photo p.15

■ 재료

옷감 치수는 왼쪽에서부터
80 / 90 / 100 / 110 / 120cm 순

겉감 폭 130cm … 120 / 120 / 130 / 140 / 150cm
접착심지 … 가로 50cm x 세로 40cm
고무줄 폭 20mm … 41 / 43 / 45 / 47 / 49cm
단추 지름 15mm … 2개

■ 실물 패턴지 B 면

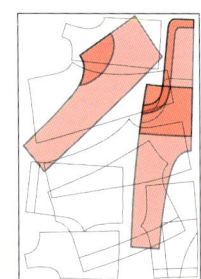

* 바지 뒤판
* 바지 앞판
* 가슴받이
* 안단
* 뒤 덧댐 천

■ 마름질 방법

단위 cm 시접은 지정된 것 이외에는 1cm
옷감 치수는 위에서부터 키 80 / 90 / 100 / 110 / 120cm 순

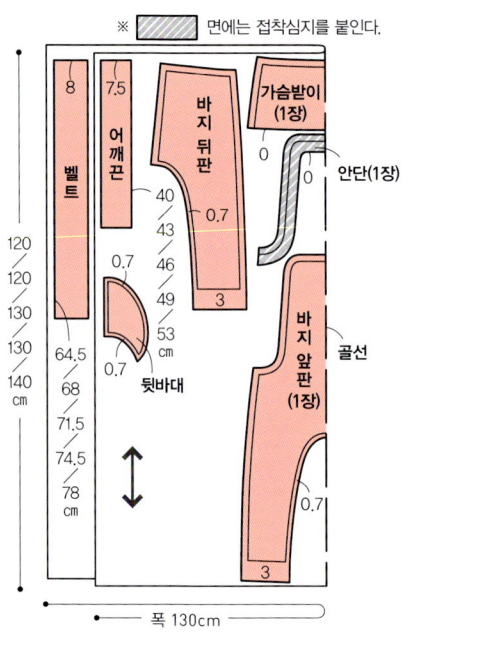

※ ▨ 면에는 접착심지를 붙인다.

How to make

1 마름질하기

안단 앞판

어깨끈
(겉끼리 마주대기로 2장)

바지 앞판

바지 뒤판
(겉끼리 마주대기로 2장)

가슴받이

뒷바대
(겉끼리 마주대기로 2장)

벨트

② 바지 뒤판에 맞춰 뒷바대 붙이기

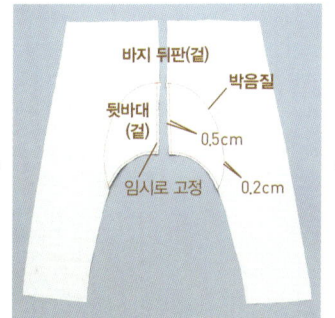

❶ 두꺼운 종이로 뒷바대의 본을 만들고, 본에 맞춰 시접을 다리미로 눌러 접는다.

❷ 바지 뒤판에 덧대 맞추고, 0.2cm 위치를 박음질해 붙인다.

③ 바지 뒤판의 밑위 박기

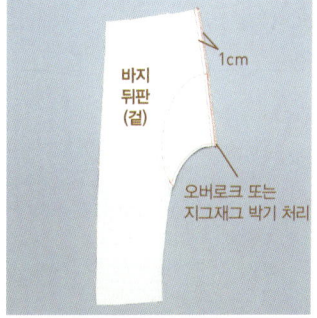

❶ 바지 뒤판을 겉끼리 마주 대 맞춰서 밑위를 박는다. 시접은 2장을 같이 오버로크 또는 지그재그 박기를 한다.

④ 어깨끈 만들기

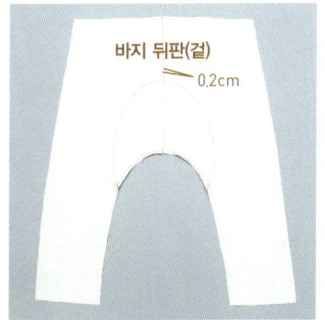

❷ 시접을 오른쪽으로 눕혀, 0.2cm 위치를 겉에서 박음질하여 누른다.

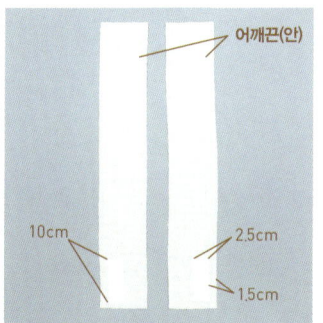

❶ 어깨끈의 안쪽의 바깥 부분에 접착심지를 붙인다.

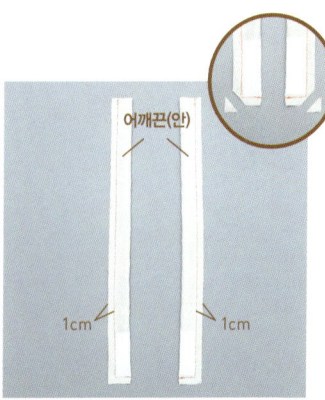

❷ 어깨끈을 반을 접어, 겉끼리 마주대기로 1cm의 위치를 박고, 모서리는 자른다.

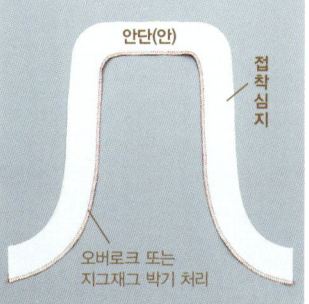

❸ 겉으로 뒤집어 다림질로 다듬어주고, 테두리 0.2cm 위치를 상침한다.

⑤ 바지 앞면에 안단 붙이기

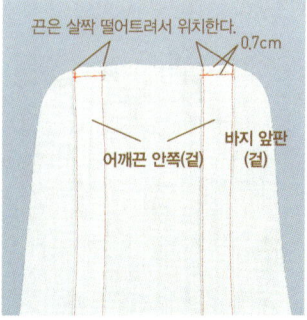

❶ 안단 앞면의 안쪽에 접착심지를 붙이고, 아랫부분은 오버로크 또는 지그재그 박기를 한다.

❷ 바지 앞판에 어깨끈을 맞춰 시침질한다.

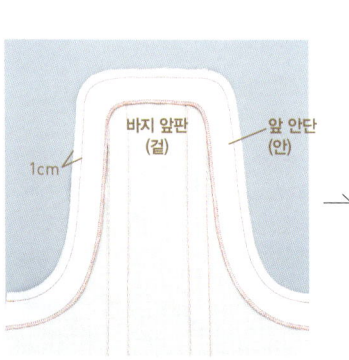

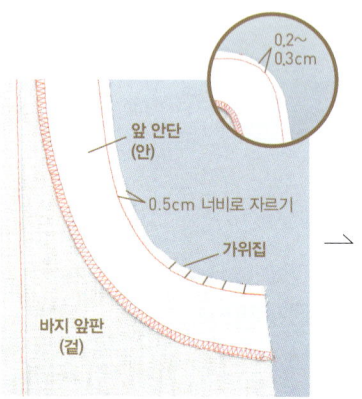

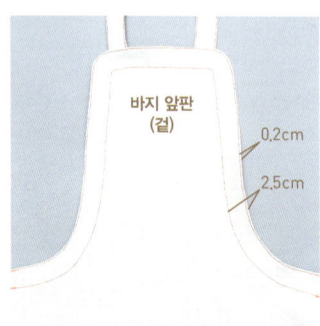

❸ ❷의 위에 안단을 겉끼리 마주대고 1cm 위치에 박는다.

❹ 시접을 0.5cm 너비로 잘라 커브에 가위집을 낸다. 위의 커브의 시접은 0.2~0.3cm로 잘라낸다.

❺ 앞으로 돌려 다림질해 모양을 잡아주고, 가장자리에서 0.2cm와 0.25cm의 위치를 박음질해 누른다.

⑥ 바지 앞판에 가슴받이 달기

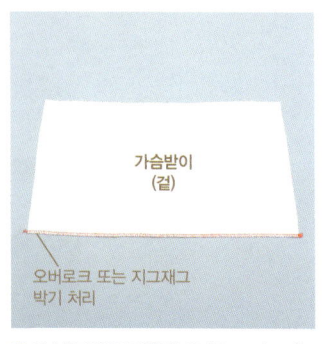

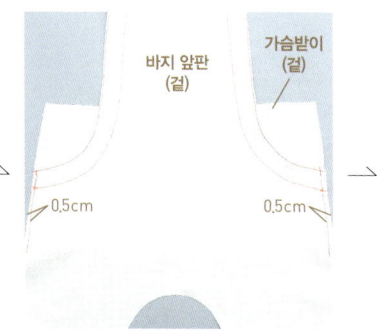

⑦ 밑아래 박기

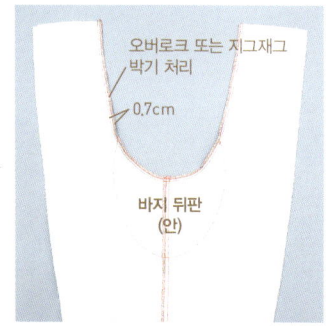

❶ 가슴받이의 아래쪽에 오버로크 또는 지그재그 박기한다.

❷ 가슴받이와 바지 앞판을 맞춤점(이음매 표시)에 맞춰 양 옆을 임시 고정한다.

❶ 바지 앞판과 뒤판을 겉끼리 마주 대 맞춰서 밑아래를 박는다. 시접은 2장을 함께 오버로크 또는 지그재그 박기한다.

⑧ 옆선 박기

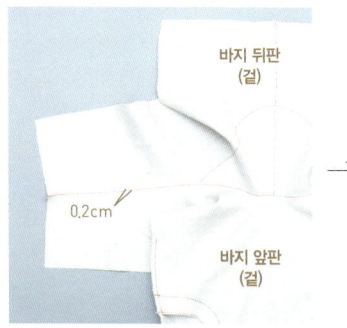

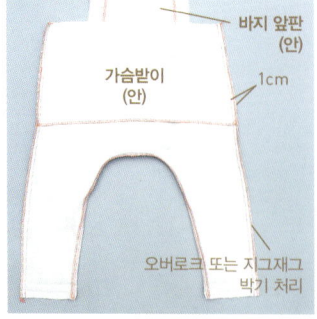

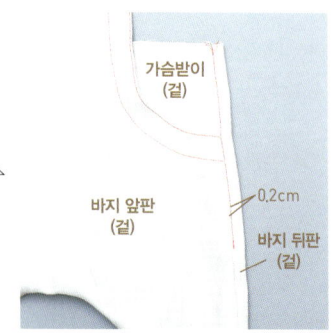

❷ 시접은 뒤쪽으로 눕혀, 2cm의 위치를 겉에서 박음질해 눌러준다.

❶ 바지 앞판, 뒤판을 겉끼리 마주 대 맞춰서 옆을 꿰맨다. 시접은 2장을 같이 오버로크 또는 지그재그 박기한다.

❷ 시접을 뒤쪽으로 눕혀, 가슴받이쪽은 0.2cm로 박음질해 누르고, 옷단까지 다림질해 누른다.

9 밑단 올리기

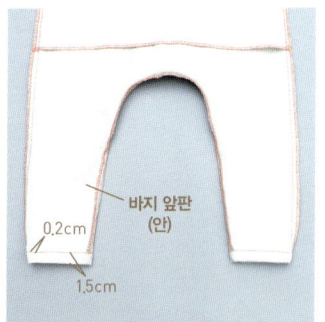

바지 앞판 (안)

0.2cm
1.5cm

밑단을 세 겹 접어 박는다.

10 벨트 달기

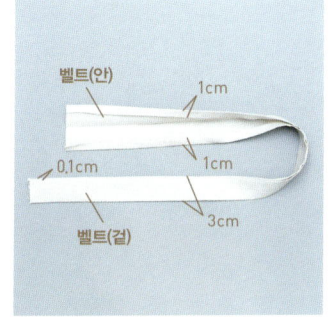

벨트(안)
1cm
0.1cm
1cm
벨트(겉)
3cm

❶ 벨트를 다림질해 접는다.

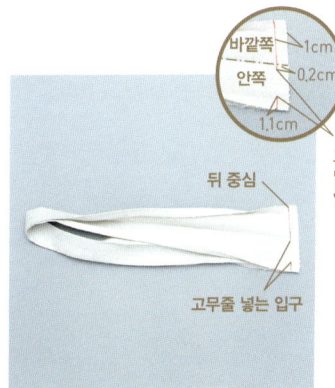

바깥쪽 1cm
안쪽 0.2cm
1.1cm
고무줄 넣는 입구
뒤 중심
고무줄 넣는 입구

❷ 벨트의 뒤 중심을 박는다.

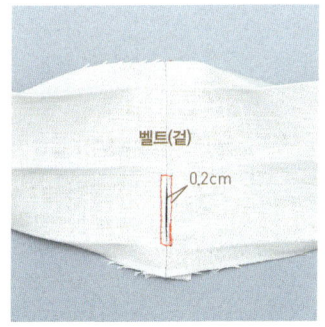

벨트(겉)
0.2cm

❸ 시접은 가름솔로 처리하고, 고무줄 넣는 입구 주변을 박음질한다.

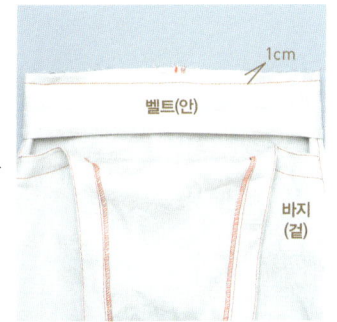

1cm
벨트(안)
바지 (겉)

❹ 바지와 벨트를 겉끼리 마주대고 1cm 위치에서 박는다.

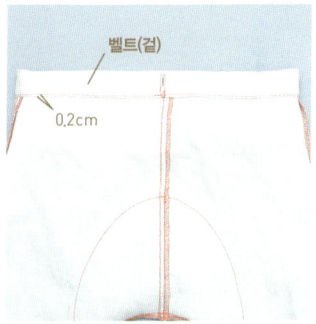

벨트(겉)
0.2cm

❺ 벨트를 뒤집어 모양을 잘 잡아 준 후 0.2cm 위치에서 박음질한다.

1cm 겹치기

❻ 벨트에 고무를 끼워놓고 고무줄 끝을 1cm 겹쳐서 박는다.

11 단추 달기

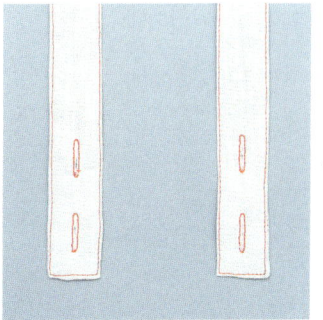

❶ 어깨끈에 단춧구멍을 낸다.

❷ 바지 뒤판에 단추를 달고, 어깨끈을 크로스해 고정한다.

a 트위스트 사루엘 팬츠(트위스트 배기 바지)

photo p.8

■ 재료
옷감 치수는 왼쪽에서부터
키 80 / 90 / 100 / 110 / 120cm의 순
겉감 폭 110cm … 70 / 70 / 80 / 90 / 100cm
고무줄 폭 20mm … 41 / 43 / 45 / 47 / 49cm

■ 실물 패턴지 A면

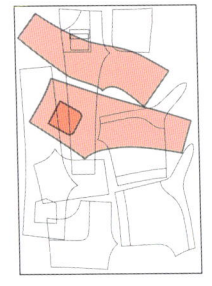

* 바지 앞판
* 바지 뒤판
* 주머니

■ 마름질 방법
단위 cm 시접은 지정된 것 이외에는 1cm
옷감 치수는 위에서부터 키 80 / 90 / 100 / 110 / 120cm 순

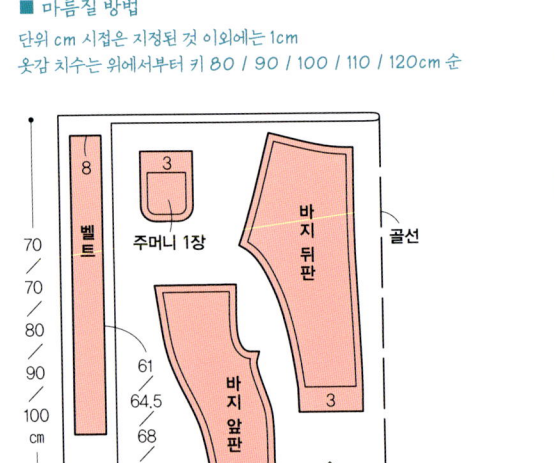

70 / 70 / 80 / 90 / 100 cm

벨트 8

주머니 1장 3

바지 뒤판

골선

61 / 64.5 / 68 / 71.5 / 75 cm

바지 앞판 3

3

폭 110cm

How to make

1 뒷주머니 달기

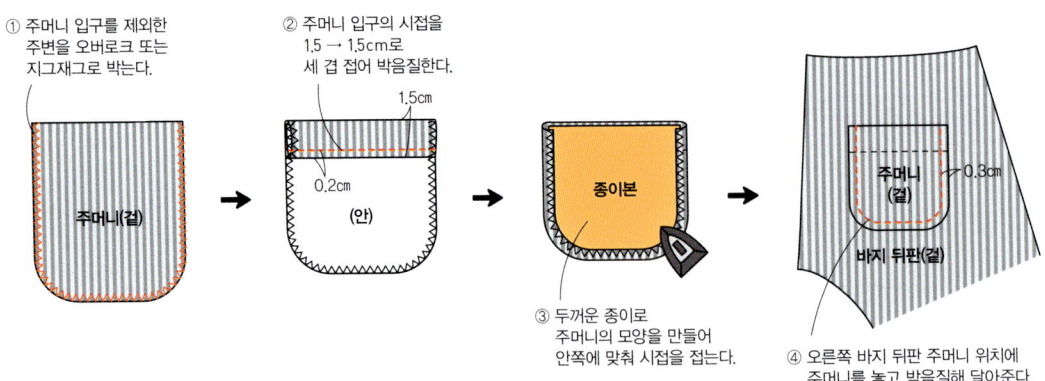

① 주머니 입구를 제외한
주변을 오버로크 또는
지그재그로 박는다.

주머니(겉)

② 주머니 입구의 시접을
1.5 → 1.5cm로
세 겹 접어 박음질한다.

1.5cm

0.2cm

(안)

③ 두꺼운 종이로
주머니의 모양을 만들어
안쪽에 맞춰 시접을 접는다.

종이본

④ 오른쪽 바지 뒤판 주머니 위치에
주머니를 놓고 박음질해 달아준다.

주머니
(겉)

0.3cm

바지 뒤판(겉)

② 옆선 박기

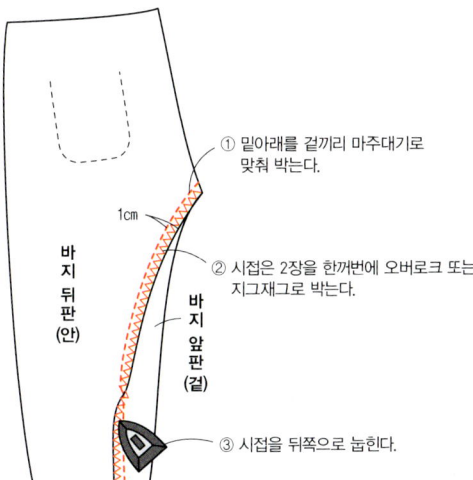

바지
뒤판
(겉)

② 바지 앞판과 뒤판을
겉끼리 마주대기로 맞춰서
옆선을 봉합한다.

1cm

바지
앞판
(안)

바지
뒤판
(안)

① 시접은 각 1장씩 오버로크 또는
지그재그로 박는다.

③ 시접을 다림질해
가름솔 처리한다.

뒤판
(안)

앞판
(안)

③ 밑아래 박기

바지
뒤판
(안)

1cm

바지
앞판
(겉)

① 밑아래를 겉끼리 마주대기로
맞춰 박는다.

② 시접은 2장을 한꺼번에 오버로크 또는
지그재그로 박는다.

③ 시접을 뒤쪽으로 눕힌다.

④ 밑위 박기

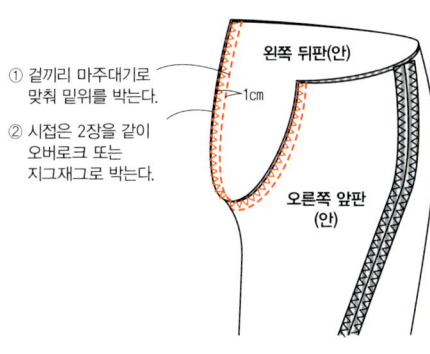

① 겉끼리 마주대기로
맞춰 밑위를 박는다.

② 시접은 2장을 같이
오버로크 또는
지그재그로 박는다.

왼쪽 뒤판(안)

1cm

오른쪽 앞판
(안)

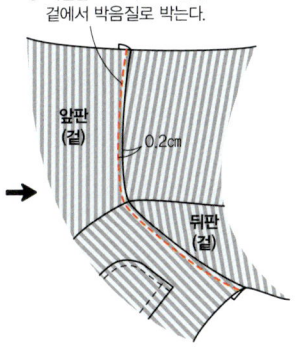

③ 시접을 오른쪽으로 눕혀
겉에서 박음질로 박는다.

앞판
(겉)

0.2cm

뒤판
(겉)

⑤ 밑단 올리기

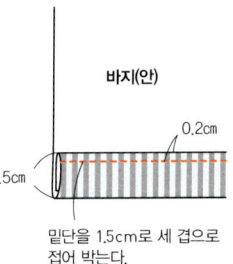

바지(안)

0.2cm

1.5cm

밑단을 1.5cm로 세 겹으로
접어 박는다.

⑥ 벨트 달기

① 벨트를 완성 폭에 맞춰
다림질해 눌러 접는다.

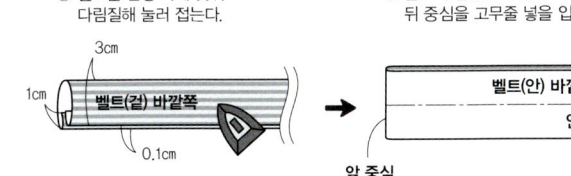

3cm

1cm

벨트(겉) 바깥쪽

0.1cm

② 벨트의 접혔던 부분을 펴서,
뒤 중심을 고무줄 넣을 입구를 남기고 박는다.

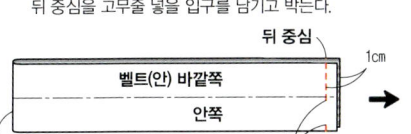

뒤 중심

1cm

벨트(안) 바깥쪽

안쪽

앞 중심

고무줄 넣는 입구

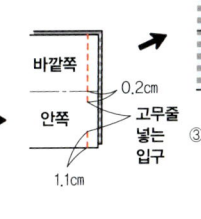

바깥쪽

안쪽

0.2cm

고무줄
넣는
입구

1.1cm

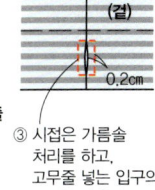

벨트
(겉)

0.2cm

③ 시접은 가름솔
처리를 하고,
고무줄 넣는 입구의
주변을 박음질로
박는다.

④ 바지에 벨트를 겉끼리 마주대기로 맞춰
1cm의 위치에서 박음질한다.

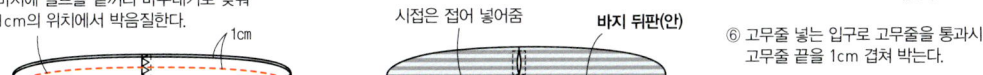

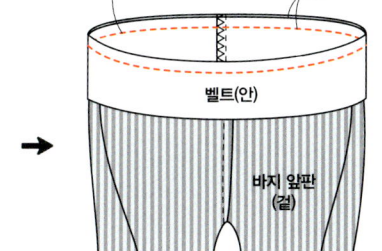

1cm

벨트(안)

바지 앞판
(겉)

시접은 접어 넣어줌

바지 뒤판(안)

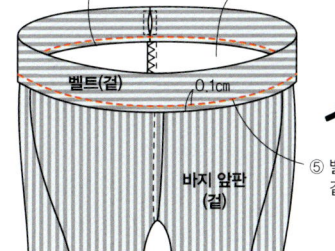

벨트(겉)

0.1cm

바지 앞판
(겉)

⑤ 벨트의 모양을 잡아주고,
겉에서 0.1cm의 위치에서 박음질한다.

⑥ 고무줄 넣는 입구로 고무줄을 통과시키고,
고무줄 끝을 1cm 겹쳐 박는다.

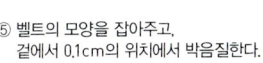

1cm

고무줄

b 짧은 반바지

photo p.10

■ 재료

옷감 치수는 왼쪽에서부터
키 80 / 90 / 100 / 110 / 120cm의 순

겉감 폭 110cm … 70 / 70 / 70 / 70 / 80cm
별감 … 가로 50cm X 세로 20cm(공통)
고무줄 폭 20mm … 41 / 43 / 45 / 47 / 49cm
다대 테이프
하프 바이어스 폭 12mm … 40cm(공통)

■ 실물 패턴지 A면

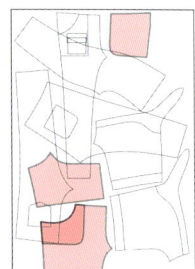

* 바지 앞판
* 바지 뒤판
* 옆판
* 속주머니

■ 마름질 방법

단위 cm 시접은 지정된 것 이외에는 1cm
옷감 치수는 위에서부터 키 80 / 90 / 100 / 110 / 120cm 순

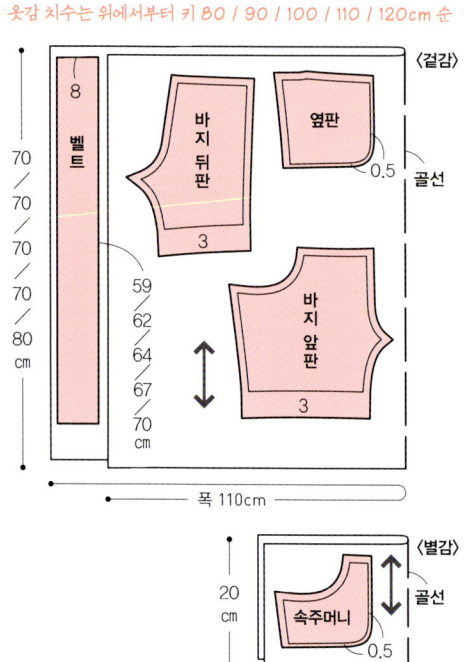

How to make

① 바지 앞판의 턱 잡기

허리 부분의 턱을 잡고 시접의 끝에서
0.7cm의 위치를 시침질하여 임시 고정한다.

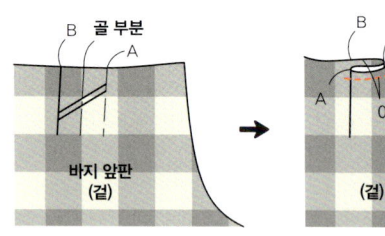

→

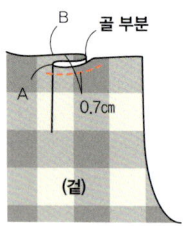

② 앞주머니 만들기

① 바지 앞판의 주머니 입구에
다대 테이프를 붙인다.

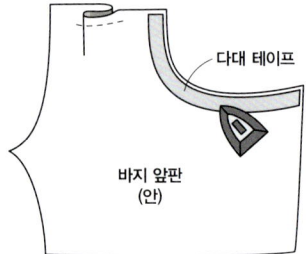

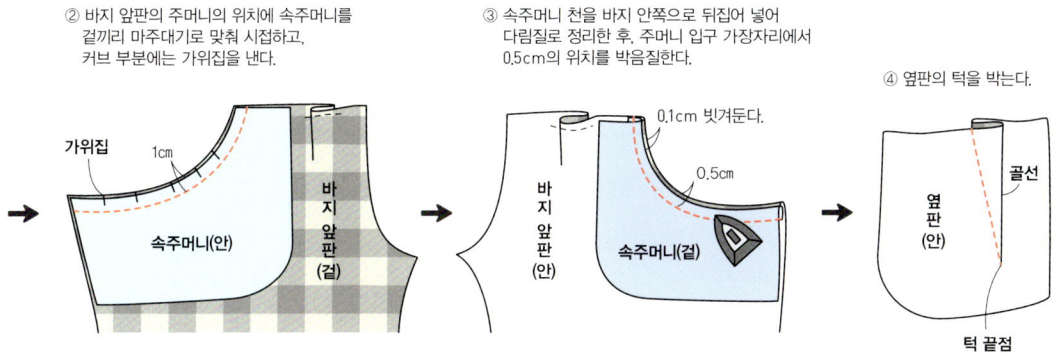

② 바지 앞판의 주머니의 위치에 속주머니를 겉끼리 마주대기로 맞춰 시접하고, 커브 부분에는 가위집을 낸다.

③ 속주머니 천을 바지 안쪽으로 뒤집어 넣어 다림질로 정리한 후, 주머니 입구 가장자리에서 0.5cm의 위치를 박음질한다.

④ 옆판의 턱을 박는다.

가위집 1cm
속주머니(안)
바지 앞판 (겉)

0.1cm 빗겨둔다.
바지 앞판 (안)
0.5cm
속주머니(겉)

옆판 (안)
골선
턱 끝점

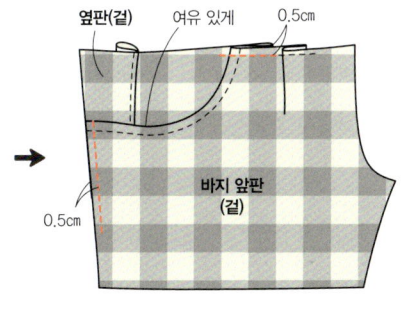
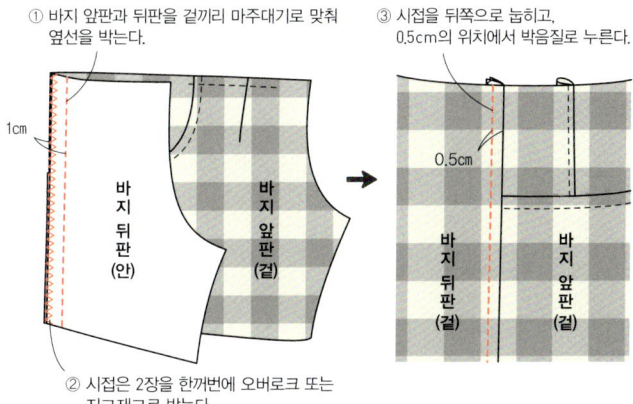

⑤ 턱을 뒤쪽으로 눕히고 0.2cm 위치의 겉에서 박음질해 누른다.

⑥ 속주머니와 옆판을 안끼리 마주대기로 맞춰 0.5cm로 박고, 커브에는 가위집을 낸다.

⑦ 속주머니와 옆판을 겉끼리 마주대기가 되도록, 뒤집어서 다림질로 정돈하고 0.5cm 위치에서 박음질을 한다.

0.2cm
옆판 (겉)
턱 끝점

0.5cm
바지 앞판 (안)
옆판 (겉)
가위집
속주머니 (겉)

0.5cm
속주머니 (안)
바지 앞판 (안)

⑧ 주머니를 바지 앞판에 고정시키기 위해 허리와 옆선을 임시로 고정시킨다.

옆판(겉)   여유 있게   0.5cm
바지 앞판 (겉)
0.5cm

3 옆선 박기

① 바지 앞판과 뒤판을 겉끼리 마주대기로 맞춰 옆선을 박는다.

1cm
바지 뒤판 (안)
바지 앞판 (겉)

② 시접은 2장을 한꺼번에 오버로크 또는 지그재그로 박는다.

③ 시접을 뒤쪽으로 눕히고, 0.5cm의 위치에서 박음질로 누른다.

0.5cm
바지 뒤판 (겉)
바지 앞판 (겉)

4 밑아래 박기

5 밑위 박기

6 밑단 올리기

7 벨트 달기

* p.37의 a.트위스트 사루엘 팬츠의 3 4 5 6 참고

C 밑단 리본 매듭 바지

photo p.11

■ 재료

옷감 치수는 왼쪽에서부터
키 80 / 90 / 100 / 110 / 120cm 의 순

겉감 폭 110cm … 90 / 90 / 100 / 100 / 110cm
고무줄 폭 20mm … 41 / 43 / 45 / 47 / 49cm

■ 실물 패턴지 A면

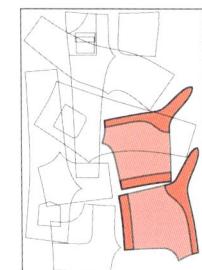

* 바지 앞판
* 바지 뒤판
* 앞 덧댐 천
* 뒤 덧댐 천
* 앞 밑단 덧댐 천
* 뒤 밑단 덧댐 천

■ 마름질 방법

단위 cm 시접은 지정된 것 이외에는 1cm
옷감 치수는 위에서부터 키 80 / 90 / 100 / 110 / 120cm 순

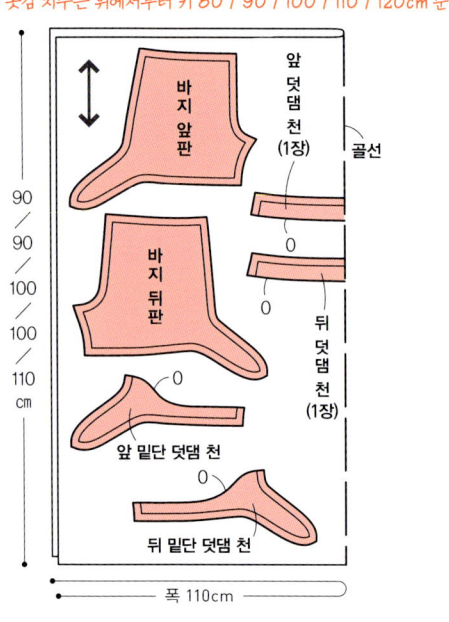

90 / 90 / 100 / 100 / 110 cm

바지 앞판
바지 뒤판
앞 덧댐 천 (1장)
골선
뒤 덧댐 천 (1장)
앞 밑단 덧댐 천
뒤 밑단 덧댐 천
폭 110cm

How to make

1 옆선과 밑아래 박기

① 바지 앞판과 뒤판을 겉끼리 마주대기로 맞춰서 옆선을 트임 끝점까지 박는다.

③ 옆선의 시접은 1장만 오버로크 또는 지그재그로 박고, 트임 끝점까지 다림질로 가름솔 처리를 한다.

트임 끝점
가위집
트임 끝점
바지 앞판(안)
바지 뒤판(겉)
1cm
1cm

② 옆의 트임 끝점을 시접으로 꼬맨 부분까지 가위집을 내준다.

④ 밑아래를 겉끼리 마주대기로 박는다.

⑤ 밑아래의 시접은 2장을 한꺼번에 오버로크 또는 지그재그로 박고, 뒤쪽으로 눕혀준다.

2 밑단 덧댐 천 박기

③ 밑아래를 박는다.

① 앞 밑단 덧댐 천과 뒤 밑단 덧댐 천을 겉끼리 마주대기로 맞춰 옆선을 트임 끝점까지 박는다.

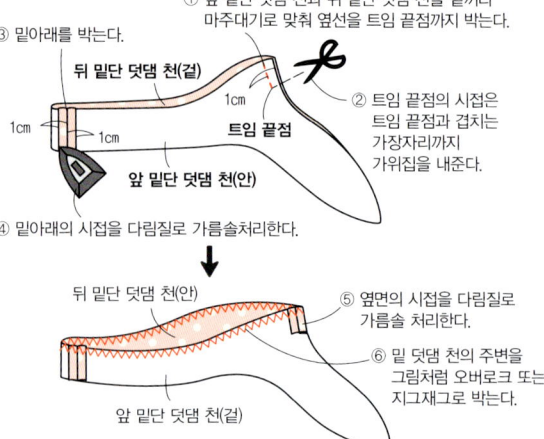

뒤 밑단 덧댐 천(겉)
1cm
1cm
1cm
트임 끝점
앞 밑단 덧댐 천(안)

② 트임 끝점의 시접은 트임 끝점과 겹치는 가장자리까지 가위집을 내준다.

④ 밑아래의 시접을 다림질로 가름솔처리한다.

뒤 밑단 덧댐 천(안)
앞 밑단 덧댐 천(겉)

⑤ 옆면의 시접을 다림질로 가름솔 처리한다.

⑥ 밑 덧댐 천의 주변을 그림처럼 오버로크 또는 지그재그로 박는다.

3 바지에 밑단 덧댐 천 달기

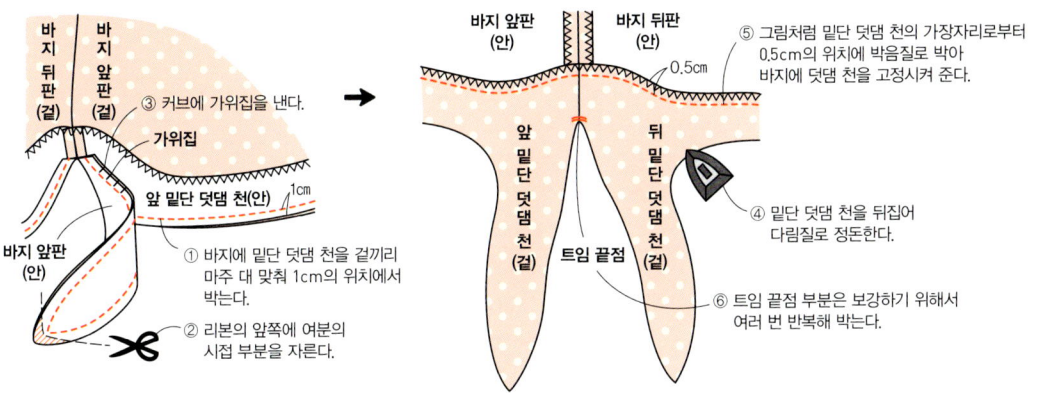

바지뒤판(겉) 바지앞판(겉)

③ 커브에 가위집을 낸다.

가위집

앞 밑단 덧댐 천(안)

바지앞판(안)

1cm

① 바지에 밑단 덧댐 천을 겉끼리 마주 대 맞춰 1cm의 위치에서 박는다.

② 리본의 앞쪽에 여분의 시접 부분을 자른다.

바지 앞판(안) 바지 뒤판(안)

0.5cm

앞 밑단 덧댐 천(겉) 뒤 밑단 덧댐 천(겉)

트임 끝점

⑤ 그림처럼 밑단 덧댐 천의 가장자리로부터 0.5cm의 위치에 박음질로 박아 바지에 덧댐 천을 고정시켜 준다.

④ 밑단 덧댐 천을 뒤집어 다림질로 정돈한다.

⑥ 트임 끝점 부분은 보강하기 위해서 여러 번 반복해 박는다.

4 밑위 박기

① 겉끼리 마주대기로 밑위를 박는다.

② 시접은 2장을 한꺼번에 오버로크 또는 지그재그로 박는다.

왼쪽 뒤판(안)

오른쪽 앞판(안)

③ 시접을 오른쪽으로 눕히고, 겉면에서 박음질한다.

앞(겉)

0.2cm

뒤(겉)

5 허리에 덧댐 천 달기

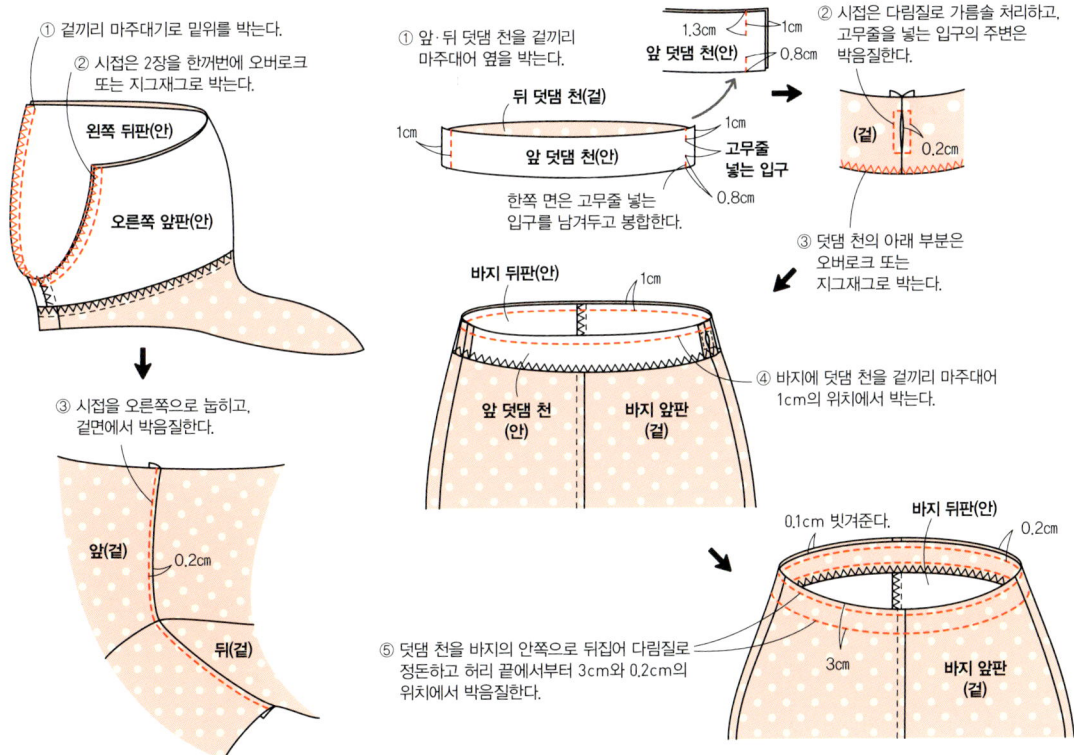

① 앞·뒤 덧댐 천을 겉끼리 마주대어 옆을 박는다.

1.3cm 1cm

앞 덧댐 천(안) 0.8cm

뒤 덧댐 천(겉)

1cm

앞 덧댐 천(안)

1cm 고무줄 넣는 입구 0.8cm

한쪽 면은 고무줄 넣는 입구를 남겨두고 봉합한다.

② 시접은 다림질로 가름솔 처리하고, 고무줄을 넣는 입구의 주변은 박음질한다.

(겉)

0.2cm

③ 덧댐 천의 아래 부분은 오버로크 또는 지그재그로 박는다.

바지 뒤판(안)

1cm

앞 덧댐 천(안) 바지 앞판(겉)

④ 바지에 덧댐 천을 겉끼리 마주대어 1cm의 위치에서 박는다.

0.1cm 빗겨준다. 바지 뒤판(안) 0.2cm

3cm 바지 앞판(겉)

⑤ 덧댐 천을 바지의 안쪽으로 뒤집어 다림질로 정돈하고 허리 끝에서부터 3cm와 0.2cm의 위치에서 박음질한다.

6 허리에 고무줄을 끼우기

1cm

고무줄

고무줄 넣는 입구로 고무줄을 끼우고, 고무줄 끝을 1cm 겹쳐 박는다.

7 밑단 묶기

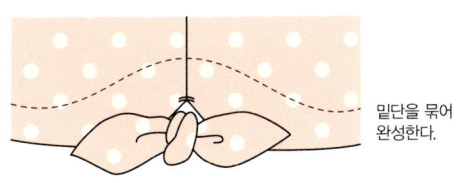

밑단을 묶어 올려 완성한다.

d 스트레치 팬츠

photo p.12

■ 재료

옷감 치수는 왼쪽에서부터
키 80 / 90 / 100 / 110 / 120cm의 순

옷감(스트레치) 폭 130cm … 70 / 70 / 70 / 70 / 80cm
고무줄 폭 20cm … 41 / 43 / 45 / 47 / 49cm
접착심지(니트용) … 가로 20cm X 세로 20cm(공통)
다대 테이프(니트용) 폭 15mm … 40cm(공통)
단추 지름 … 15mm X 2개

* 바늘과 실은 니트 전용으로 사용한다.
* 옷감은 스트레치 원단을 사용한다.

■ 실물 패턴지 A면

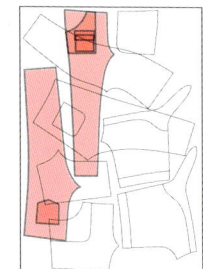

* 바지 앞판
* 바지 뒤판
* 앞주머니 A
* 앞주머니 B
* 주머니 덮개
* 뒷주머니

■ 마름질 방법

단위 cm 시접은 지정된 것 이외에는 1cm
옷감 치수는 위에서부터 키 80 / 90 / 100 / 110 / 120cm 순

※ ▨ 에는 접착심지를 붙인다.

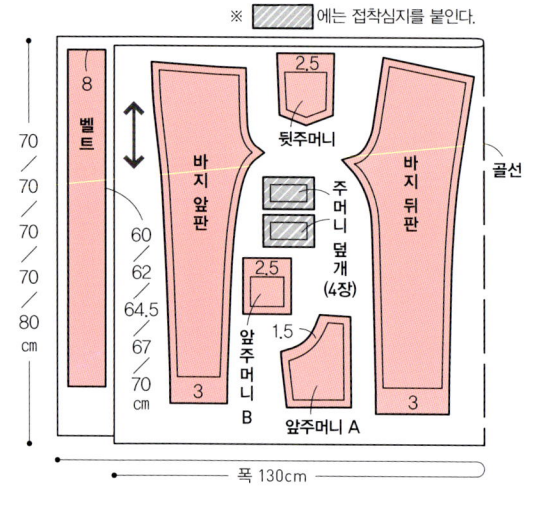

How to make

1 뒷주머니 달기

① 주머니 입구를 제외한 주변을
   오버로크 또는 지그재그로 박는다.

② 주머니의 시접을
   1.2 → 1.3cm로 세 겹으로
   접어 박는다.

③ 두꺼운 종이로 완성본을
   만들어 주머니 위에 얹고,
   다리질해 시접을 접는다.

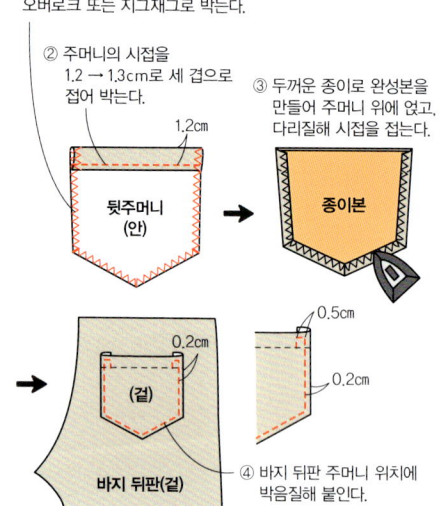

④ 바지 뒤판 주머니 위치에
   박음질해 붙인다.

2 주머니 덮개 만들기

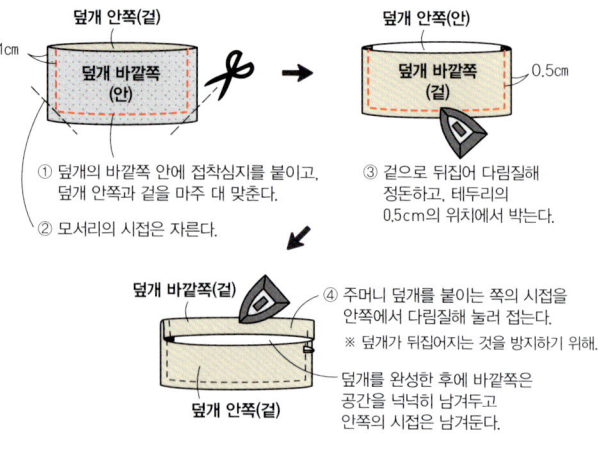

① 덮개의 바깥쪽 안에 접착심지를 붙이고,
   덮개 안쪽과 겉을 마주 대 맞춘다.

② 모서리의 시접은 자른다.

③ 겉으로 뒤집어 다림질해
   정돈하고, 테두리의
   0.5cm의 위치에서 박는다.

④ 주머니 덮개를 붙이는 쪽의 시접을
   안쪽에서 다림질해 눌러 접는다.
   ※ 덮개가 뒤집어지는 것을 방지하기 위해.

덮개를 완성한 후에 바깥쪽은
공간을 넉넉히 남겨두고
안쪽의 시접은 남겨둔다.

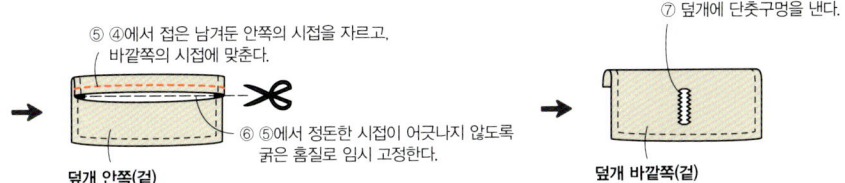

⑤ ④에서 접은 남겨둔 안쪽의 시접을 자르고,
　바깥쪽의 시접에 맞춘다.

⑥ ⑤에서 정돈한 시접이 어긋나지 않도록
　굵은 홈질로 임시 고정한다.

덮개 안쪽(겉)

⑦ 덮개에 단춧구멍을 낸다.

덮개 바깥쪽(겉)

❸ 앞주머니 만들어 달기

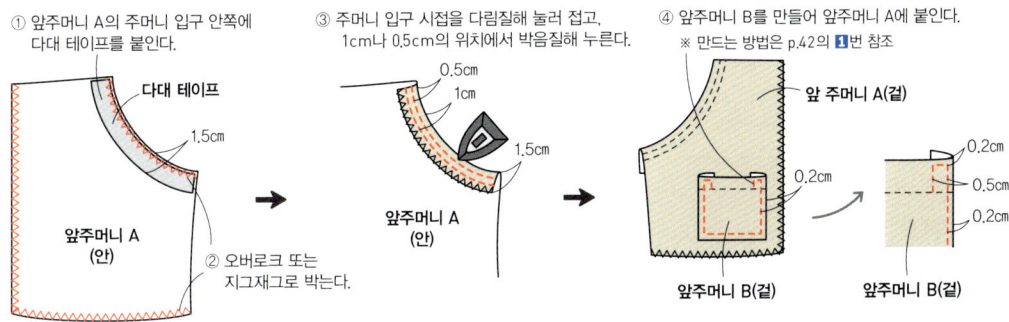

① 앞주머니 A의 주머니 입구 안쪽에
　다대 테이프를 붙인다.

다대 테이프

1.5cm

앞주머니 A
(안)

② 오버로크 또는
　지그재그로 박는다.

③ 주머니 입구 시접을 다림질해 눌러 접고,
　1cm나 0.5cm의 위치에서 박음질해 누른다.

0.5cm
1cm
1.5cm

앞주머니 A
(안)

④ 앞주머니 B를 만들어 앞주머니 A에 붙인다.
※ 만드는 방법은 p.42의 ❶번 참조

앞 주머니 A(겉)

0.2cm

앞주머니 B(겉)

0.2cm
0.5cm
0.2cm

앞주머니 B(겉)

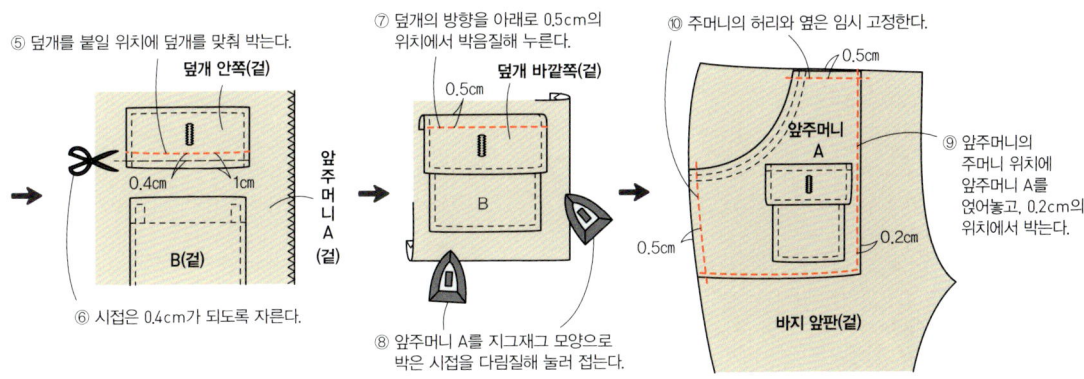

⑤ 덮개를 붙일 위치에 덮개를 맞춰 박는다.

덮개 안쪽(겉)

0.4cm　1cm

B(겉)

앞
주
머
니
A
(겉)

⑥ 시접은 0.4cm가 되도록 자른다.

⑦ 덮개의 방향을 아래로 0.5cm의
　위치에서 박음질해 누른다.

덮개 바깥쪽(겉)

0.5cm

B

⑧ 앞주머니 A를 지그재그 모양으로
　박은 시접을 다림질해 눌러 접는다.

⑩ 주머니의 허리와 옆선 임시 고정한다.

0.5cm

앞주머니
A

0.5cm

0.2cm

바지 앞판(겉)

⑨ 앞주머니의
　주머니 위치에
　앞주머니 A를
　얹어놓고, 0.2cm의
　위치에서 박는다.

❹ 옆선 박기

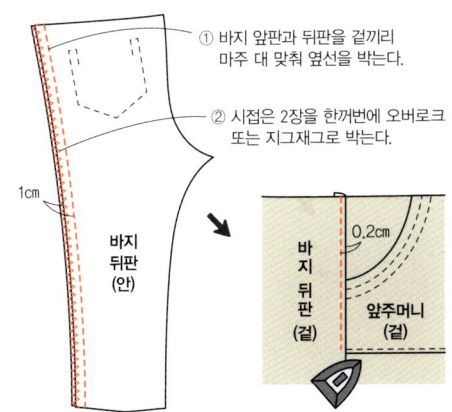

① 바지 앞판과 뒤판을 겉끼리
　마주 대 맞춰 옆선을 박는다.

② 시접은 2장을 한꺼번에 오버로크
　또는 지그재그로 박는다.

1cm

바지
뒤판
(안)

0.2cm

바
지
뒤
판
(겉)

앞주머니
(겉)

③ 시접을 뒤쪽으로 눕히고
　앞주머니 부분은 0.2cm의 위치에서
　겉에서 박음질로 누르고,
　아래쪽은 다림질해 누른다.

❺ 밑아래 박기
❻ 밑위 박기
❼ 밑단 올리기
❽ 벨트 달기

* p.37의 a.트위스트 사루엘 팬츠의
❸ ❹ ❺ ❻ 참고

❾ 단추 달기

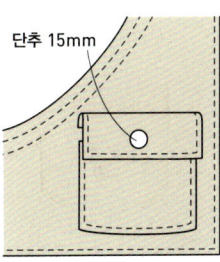

단추 15mm

주머니에 단추를 달아 완성한다.

이지 팬츠

photo p.14

■ 재료

옷감 치수는 왼쪽에서부터
키 80 / 90 / 100 / 110 / 120cm의 순

옷감(스트레치) 폭 110cm … 60 / 70 / 70 / 70 / 80cm
고무줄 폭 20cm … 41 / 43 / 45 / 47 / 49cm
리본 폭 10mm … 104 / 107 / 110 / 113 / 116cm
다대 테이프(니트용) …
하프 바이어스 폭 12mm … 50cm(공통)
접착심지 … 적당량

■ 실물 패턴지 B 면

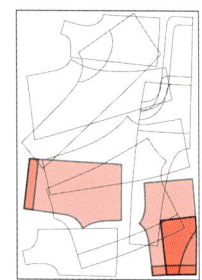

* 바지 앞판
* 앞 덧댐 천
* 바지 뒤판
* 뒤 덧댐 천
* 속주머니

■ 마름질 방법

단위 cm 시접은 지정된 것 이외에는 1cm
옷감 치수는 위에서부터 키 80 / 90 / 100 / 110 / 120cm 순

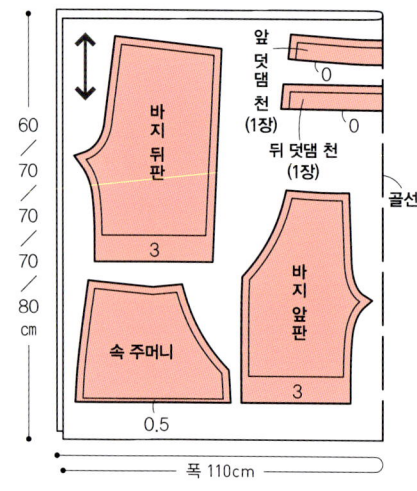

How to make

1 바지 앞판에 끈을 넣을 구멍 열기

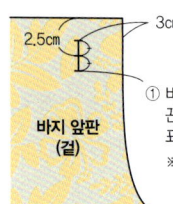

① 바지 앞판 허리에 초크 펜슬로
끈이 들어갈 구멍(단춧구멍)을
표시한다.

※ 구멍 크기 1cm

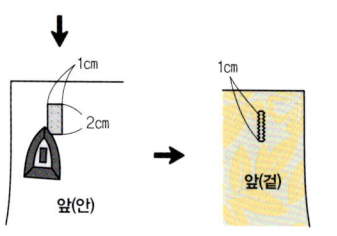

② 끈을 끼울 구멍 안쪽에
접착심지를 붙인다.

③ 단춧구멍을 1cm로 낸다.

2 앞주머니 만들기

① 주머니 입구 안쪽에
다대 테이프를 붙인다.

② 주머니 입구에 속주머니를 겉끼리 마주 대
맞춰 박고, 커브에는 가위집을 낸다.

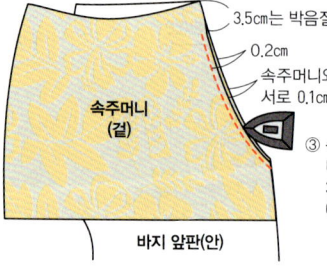

③ 속주머니를 바지 앞판의 안쪽으로 뒤집어
다림질로 정돈하고, 허리에서부터
3.5cm 정도 떨어진 곳에서부터
0.2cm의 위치에서 박는다.

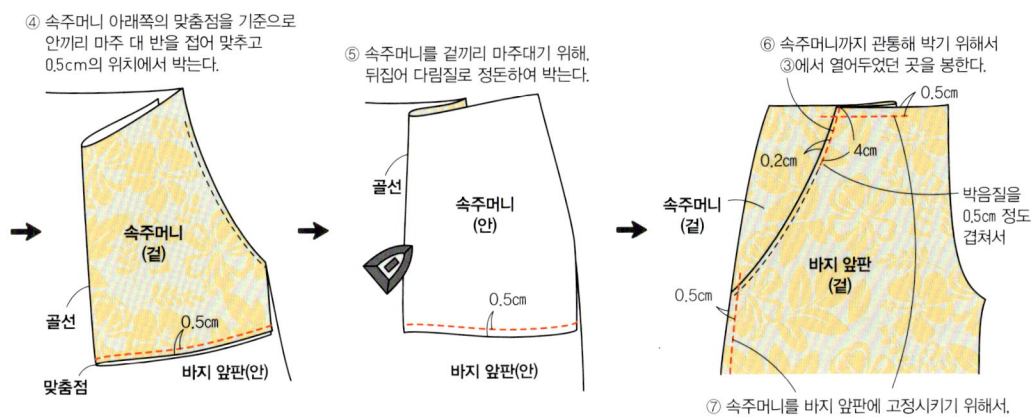

④ 속주머니 아래쪽의 맞춤점을 기준으로 안끼리 마주 대 반을 접어 맞추고 0.5cm의 위치에서 박는다.

속주머니 (겉)
골선
골선
속주머니 (겉)
0.5cm
맞춤점
바지 앞판(안)

⑤ 속주머니를 겉끼리 마주대기 위해, 뒤집어 다림질로 정돈하여 박는다.

속주머니 (안)
0.5cm
바지 앞판(안)

⑥ 속주머니까지 관통해 박기 위해서 ③에서 열어두었던 곳을 봉한다.

0.5cm
0.2cm
4cm
속주머니 (겉)
박음질을 0.5cm 정도 겹쳐서
0.5cm
바지 앞판 (겉)

⑦ 속주머니를 바지 앞판에 고정시키기 위해서, 허리와 옆선을 임시 고정한다.

❸ 옆선과 밑아래 박기

① 바지 앞판과 뒤판을 겉끼리 마주 대 맞춰 옆과 밑아래를 박는다.

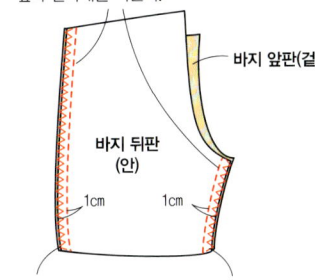

바지 앞판(겉)
바지 뒤판 (안)
1cm   1cm

② 시접은 2장을 함께 오버로크 또는 지그재그로 박고, 다림질로 눌러 뒤로 눕힌다.

❹ 밑위 박기

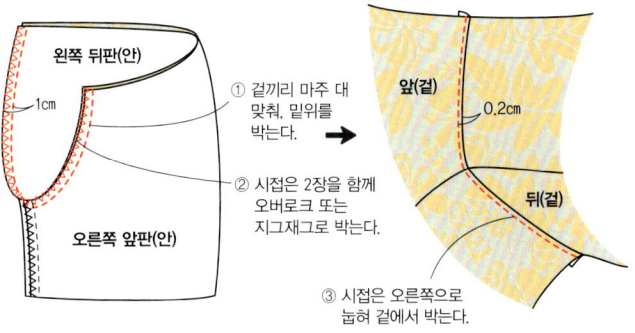

왼쪽 뒤판(안)
1cm
오른쪽 앞판(안)

① 겉끼리 마주 대 맞춰, 밑위를 박는다.

② 시접은 2장을 함께 오버로크 또는 지그재그로 박는다.

앞(겉)
0.2cm
뒤(겉)

③ 시접은 오른쪽으로 눕혀 겉에서 박는다.

❺ 밑단 올리기

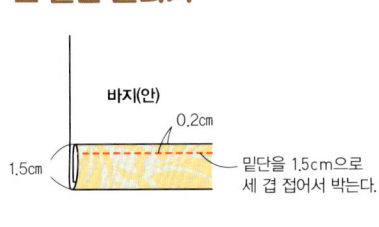

바지(안)
0.2cm
1.5cm
밑단을 1.5cm으로 세 겹 접어서 박는다.

❻ 허리에 덧댐 천 달기

① 앞뒤 덧댐 천을 겉끼리 마주 대 맞춰 옆선을 박는다.

뒤 덧댐 천(겉)
1.3cm
1cm
앞 덧댐 천(안)
1cm
고무줄 넣는 입구
0.8cm

한쪽은 고무줄 넣는 입구를 남기고 봉한다.

② 시접은 다림질해 가름솔 처리를 하고, 고무줄 넣는 입구 주변을 박는다.

(겉)
0.2cm

③ 덧댐 천 아래는 오버로크 또는 지그재그로 박는다.

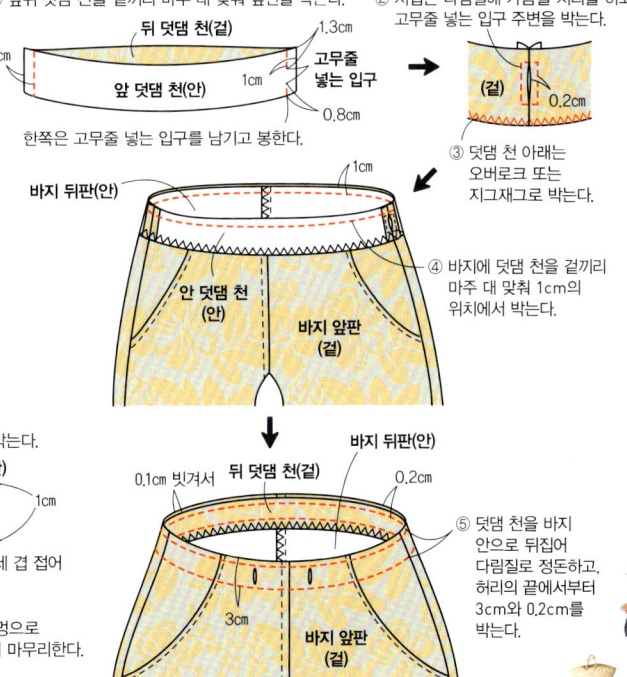

1cm
바지 뒤판(안)
안 덧댐 천 (안)
바지 앞판 (겉)

④ 바지에 덧댐 천을 겉끼리 마주 대 맞춰 1cm의 위치에서 박는다.

0.1cm 빗겨서
뒤 덧댐 천(겉)
바지 뒤판(안)
0.2cm
3cm
바지 앞판 (겉)

⑤ 덧댐 천을 바지 안으로 뒤집어 다림질로 정돈하고, 허리의 끝에서부터 3cm와 0.2cm를 박는다.

❼ 허리에 고무줄과 리본 끼우기

1cm
고무줄

① 고무줄을 넣는 입구로 고무줄을 통과시키고, 고무줄 끝을 1cm 겹쳐 박는다.

리본(안)
0.5cm   0.1cm   1cm

② 리본은 양쪽 끝을 세 겹 접어 박음질로 박는다.

③ 끈을 끼우는 구멍으로 리본을 통과시켜 마무리한다.

f 올인원 바지

photo p.15

■ 재료

옷감 치수는 왼쪽에서부터
키 80 / 90 / 100 / 110 / 120cm 의 순

옷감 폭 140cm … 80 / 80 / 90 / 90 / 110cm
접착심지 … 적당량
링 스냅 지름 10mm … 4개 세트

■ 실물패턴지 A면

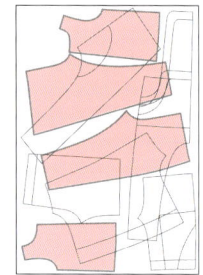

* 바지 앞판
* 바지 뒤판
* 앞 몸판
* 뒤 몸판

■ 마름질 방법

단위 cm 시접은 지정된 것 이외에는 1cm
옷감 치수는 위에서부터 키 80 / 90 / 100 / 110 / 120cm 순

※ 빗금친 부분에는 접착심지를 붙인다.

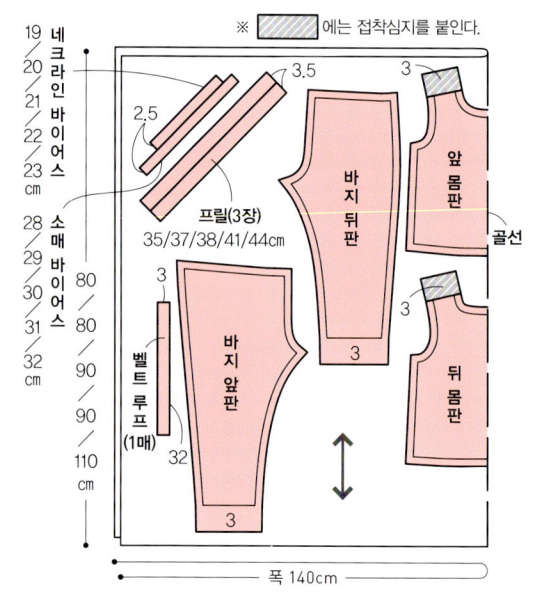

네크라인 바이어스: 19 / 20 / 21 / 22 / 23 cm
소매 바이어스: 28 / 29 / 30 / 31 / 32 cm
80 / 80 / 90 / 90 / 110 cm

2,5
3.5
3
프릴(3장) 35/37/38/41/44cm
바지 뒤판
앞 몸판
골선
3
3
벨트 루프 (1매)
3
바지 앞판
뒤 몸판
32
3

폭 140cm

How to make

1 앞 몸판에 프릴 달기

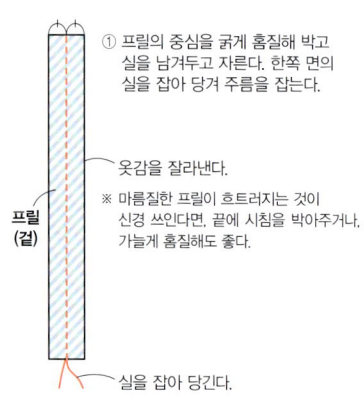

① 프릴의 중심을 굵게 홈질해 박고 실을 남겨두고 자른다. 한쪽 면의 실을 잡아 당겨 주름을 잡는다.

옷감을 잘라낸다.

※ 마름질한 프릴이 흐트러지는 것이 신경 쓰인다면, 끝에 시침을 박아주거나, 가늘게 홈질해도 좋다.

프릴 (겉)

실을 잡아 당긴다.

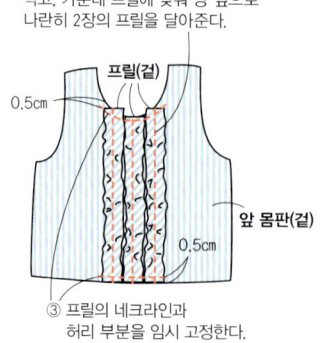

② 앞 중심에 ①을 겹쳐 굵은 홈질로 박고, 가운데 프릴에 맞춰 양 옆으로 나란히 2장의 프릴을 달아준다.

프릴(겉)

0.5cm

앞 몸판(겉)

0.5cm

③ 프릴의 네크라인과 허리 부분을 임시 고정한다.

2 몸판의 옆선 박기

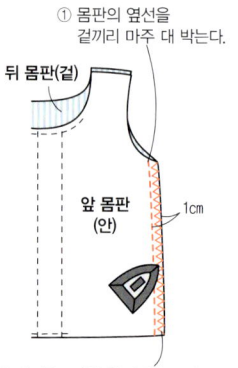

① 몸판의 옆선을 겉끼리 마주 대 박는다.

뒤 몸판(겉)

앞 몸판(안)

1cm

② 시접은 2장을 한꺼번에 오버록 또는 지그재그로 박고, 다림질로 눌러 뒤로 눕힌다.

---

3 네크라인과 소매를 바이어스 천으로 처리하기

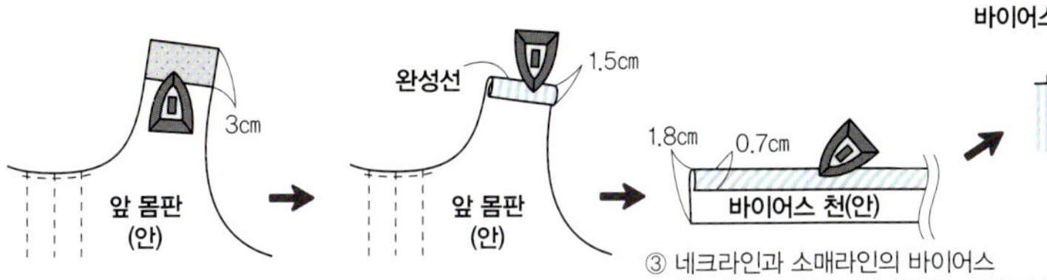

① 어깨 앞, 뒤의 시접에 접착심지를 붙인다.

3cm

앞 몸판
(안)

② 어깨 앞, 뒤의 시접을 세 겹 접어 다림질한다.

완성선
1.5cm

앞 몸판
(안)

③ 네크라인과 소매라인의 바이어스 천의 한 쪽 면을 그림과 같은 모양으로 다림질해 눌러 접는다.

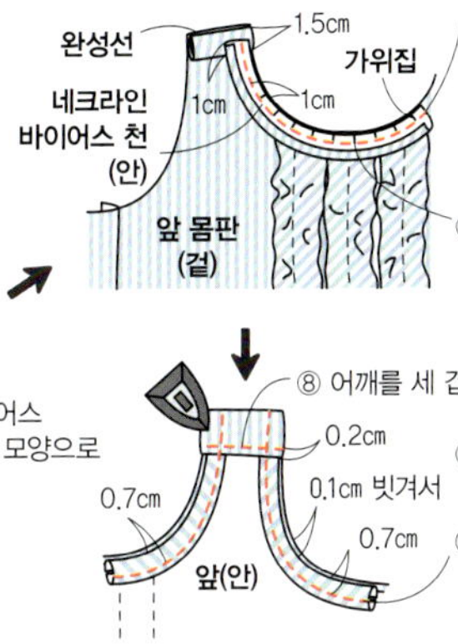

1.8cm 0.7cm
바이어스 천(안)

완성선
네크라인
바이어스 천
(안)
1.5cm
가위집
1cm 1cm

앞 몸판(겉)

④ 어깨 완성선을 기준으로 시접을 몸판의 바깥쪽으로 꺾어 되접어 시접에 1cm 겹치게 해, 네크라인 바이어스 천에 맞춰서 박는다.

⑤ 시접을 0.5cm의 위치에서 자르고, 커브에는 가위집을 낸다.

0.2cm
0.1cm 빗겨서
0.7cm 0.7cm
앞(안)

⑧ 어깨를 세 겹 접어 박는다.

⑥ 소매도 같은 방법으로 박는다.

⑦ 바이어스 천을 몸판의 안쪽으로 뒤집어 다림질로 정돈하고, 0.7cm의 위치에서 박는다.

4 바지 앞판의 턱을 접기

허리의 턱을 접어, 시접의 끝에서 0.7cm의 위치에서 임시로 박음질한다.

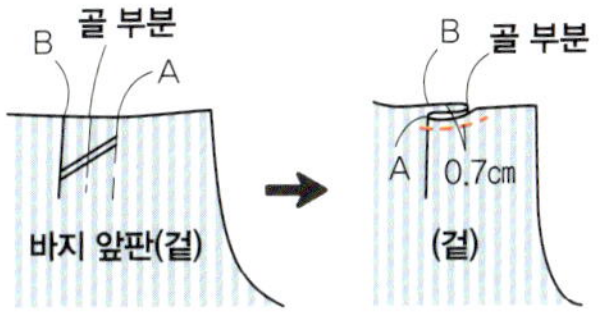

B 골 부분
A
바지 앞판(겉)

B 골 부분
A 0.7cm
(겉)

5 바지의 옆선과 밑아래 박기

① 바지 앞판과 뒤판을 겉끼리 마주 대 옆선과 밑아래를 박는다.

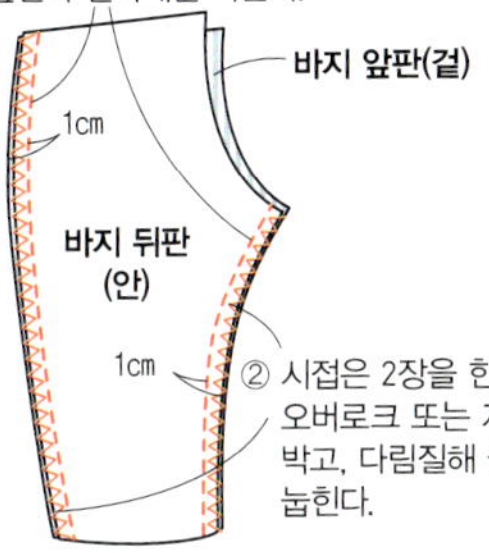

바지 앞판(겉)
1cm

바지 뒤판
(안)

1cm

② 시접은 2장을 한꺼번에 오버로크 또는 지그재그로 박고, 다림질해 눌러 뒤로 눕힌다.

6 밑위 박기

① 겉끼리 마주 대 밑위를 박는다.

② 시접은 2장을 한꺼번에 오버로크 또는 지그재그로 박는다.

왼쪽 뒤판(안)

1cm

오른쪽 앞(안)

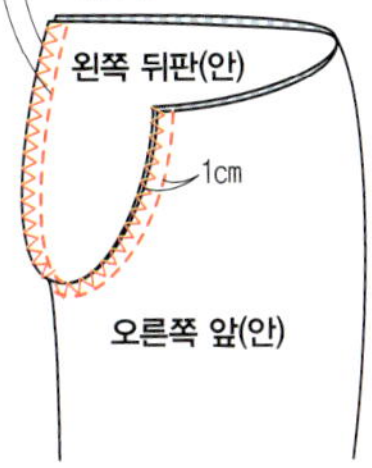

③ 시접을 오른쪽으로 눕혀 겉에서 박음질로 박는다.

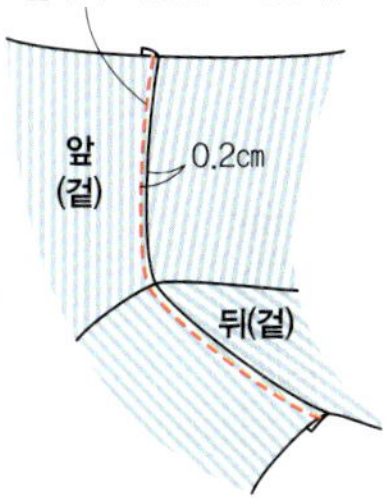

앞
(겉) 0.2cm

뒤(겉)

7 밑단 올리기

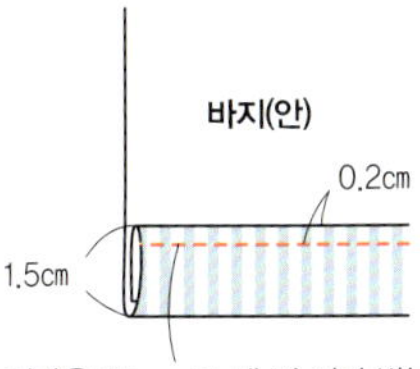

바지(안)

0.2cm

1.5cm

밑단을 1.5cm로 세 겹 접어 박는다.

8 몸판과 바지를 박아 맞추기

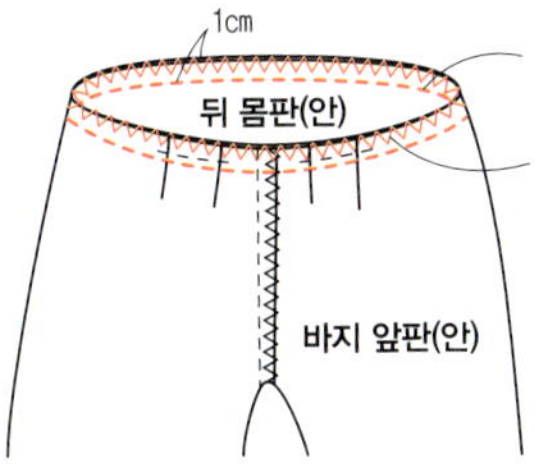

1cm
뒤 몸판(안)

바지 앞판(안)

① 몸판과 바지를 겉끼리 마주대 박는다.

② 시접은 2장을 같이 오버로크 또는 지그재그로 박는다.

0.2cm

바지 앞판
(겉)

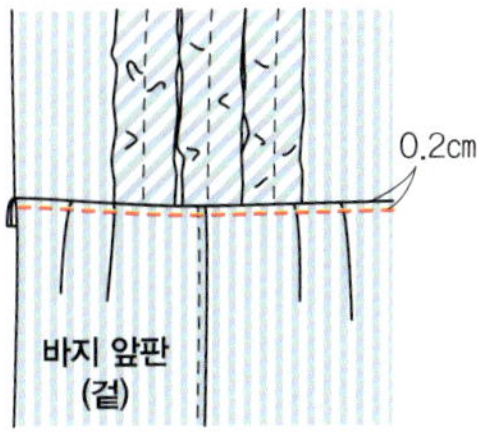

③ 시접을 바지 쪽으로 눕히고, 0.2cm의 위치 겉에서 박는다.

9 벨트 루프 달기

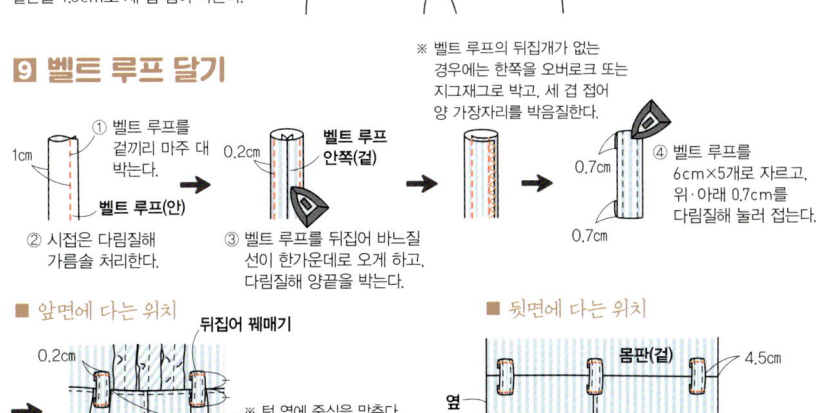

1cm

벨트 루프(안)

① 벨트 루프를 겉끼리 마주 대 박는다.

② 시접은 다림질해 가름솔 처리한다.

벨트 루프
안쪽(겉)
0.2cm

③ 벨트 루프를 뒤집어 바느질 선이 한가운데로 오게 하고, 다림질해 양끝을 박는다.

※ 벨트 루프의 뒤집개가 없는 경우에는 한쪽을 오버로크 또는 지그재그로 박고, 세 겹 접어 양 가장자리를 박음질한다.

0.7cm
0.7cm
0.7cm

④ 벨트 루프를 6cm×5개로 자르고, 위·아래 0.7cm를 다림질해 눌러 접는다.

■ 앞면에 다는 위치

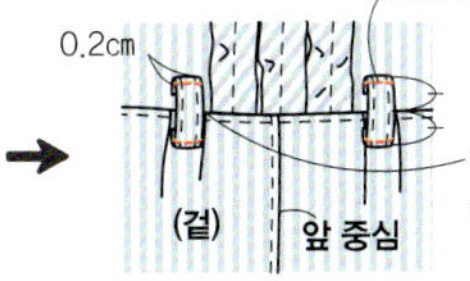

0.2cm

뒤집어 꿰매기

(겉) 앞 중심

※ 턱 옆에 중심을 맞춘다.
※ 조금 띄워서 여유 있게 단다.

■ 뒷면에 다는 위치

몸판(겉)
4.5cm

옆

(겉) 뒤 중심

10 링스냅 달기

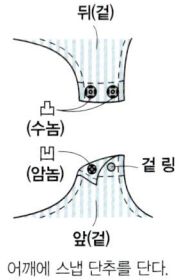

뒤(겉)

凸
(수놈)

凹
(암놈)

걸 링

앞(겉)

어깨에 스냅 단추를 단다.

47

h 큐롯 바지

photo p.16

■ 재료

옷감 치수는 왼쪽에서부터
키 80 / 90 / 100 / 110 / 120cm의 순

옷감 폭 110cm … 120 / 130 / 130 / 130 / 140cm

고무줄 폭 20mm … 41 / 43 / 45 / 47 / 49cm

■ 실물 패턴지 B 면

* 바지
* 덧댐 천

■ 마름질 방법

단위 cm 시접은 지정된 것 이외에는 1cm
옷감 치수는 위에서부터 키 80 / 90 / 100 / 110 / 120cm 순

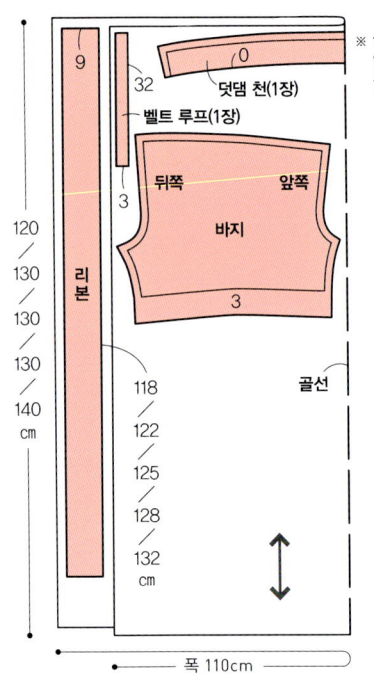

※ 110cm, 120cm 사이즈는
'골선'을 하지 않고 넓혀서,
1장으로 마름질한다.

덧댐 천(1장)
벨트 루프(1장)
리본
9
32
3
뒤쪽 앞쪽
바지
3
골선

120 / 130 / 130 / 130 / 140 cm

118 / 122 / 125 / 128 / 132 cm

폭 110cm

How to make

1 밑아래 박기

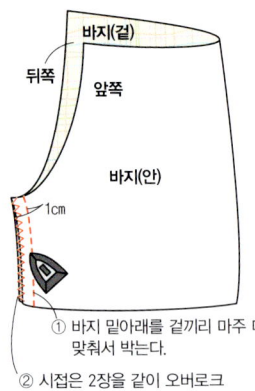

바지(겉)
뒤쪽 앞쪽
바지(안)
1cm

① 바지 밑아래를 겉끼리 마주 대
맞춰서 박는다.

② 시접은 2장을 같이 오버로크
또는 지그재그로 박는다.

2 밑위 박기

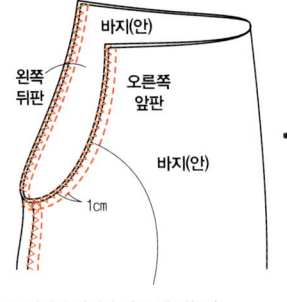

바지(안)
왼쪽 뒤판
오른쪽 앞판
바지(안)
1cm

① 밑위를 겉끼리 마주 대 박는다.

② 시접은 2장을 한꺼번에 오버로크 또는
지그재그로 박는다.

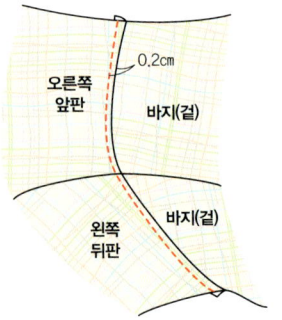

0.2cm
오른쪽 앞판
바지(겉)
바지(겉)
왼쪽 뒤판

③ 시접을 오른쪽으로 눕혀 겉에서 박는다.

❸ 밑단 올리기

바지(안)

0.2cm

1.5cm

밑단을 1.5cm로 세 겹 접어 박는다.

❹ 허리에 덧댐 천 붙이기

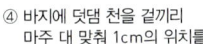

앞 중심
골선
덧댐 천(안)
3cm
1cm
고무줄 넣는 입구
1cm
뒤 중심

① 덧댐 천의 뒤쪽 중심에 고무줄 넣는 입구는 남겨두고 박는다.

② 시접은 다림질해 가름솔 처리를 하고, 고무줄 넣는 입구 주변을 박는다.

(겉)

0.2cm

③ 덧댐 천의 아래쪽은 오버로크 또는 지그재그로 박는다.

④ 바지에 덧댐 천을 겉끼리 마주 대 맞춰 1cm의 위치를 박는다.

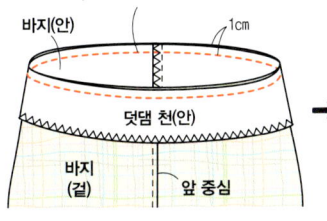

바지(안)
1cm
덧댐 천(안)
바지(겉)
앞 중심

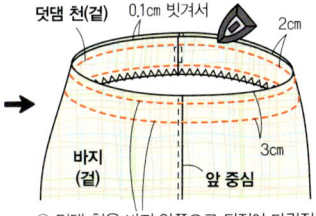

덧댐 천(겉)
0.1cm 빗겨서
2cm
3cm
바지(겉)
앞 중심

⑤ 덧댐 천을 바지 안쪽으로 뒤집어 다림질로 정돈하고, 허리 끝부분에서 2cm와 3cm의 위치를 박는다.

❺ 벨트 루프 달기

① 벨트 루프를 겉끼리 마주 대 맞춰 1cm의 위치를 박는다.

1cm

벨트 루프 (안)

② 시접은 다림질해 가름솔 처리한다.

③ 벨트 루프를 뒤집어 바느질 선이 한가운데로 오게 하고, 다림질해 양끝을 박는다.

벨트 루프 안쪽(겉)

0.2cm

1cm

0.2cm

※ 벨트 루프의 뒤집개가 없는 경우에는 한쪽을 오버로크 또는 지그재그로 박고, 세 겹 접어 양 가장자리를 박음질한다.

0.7cm

벨트 루프(바깥쪽)

0.7cm

0.7cm

④ 벨트 루프를 6cm×5개로 자르고, 위·아래 0.7cm를 다림질해 눌러 접는다.

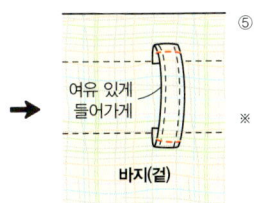

여유 있게 들어가게

바지(겉)

⑤ 그림처럼 ❹−❺의 박음질을 넘어 위·아래를 뒤집어 박아 단다.

※ 벨트 루프는 리본이 여유 있게 들어가기 위해서, 조금 띄워서 붙인다.

■ 앞·옆면에 다는 위치

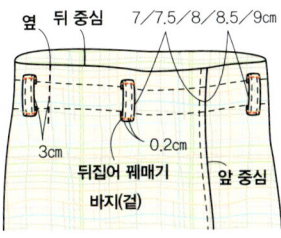

옆
뒤 중심
7／7.5／8／8.5／9cm
3cm
뒤집어 꿰매기
0.2cm
앞 중심
바지(겉)

■ 뒷면에 다는 위치

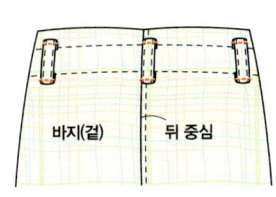

바지(겉)
뒤 중심

❻ 허리에 고무줄 끼우기

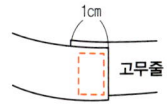

1cm

고무줄

고무줄 넣는 입구로 고무줄을 끼우고, 고무줄 끝을 1cm 겹쳐 박는다.

❼ 리본 만들기

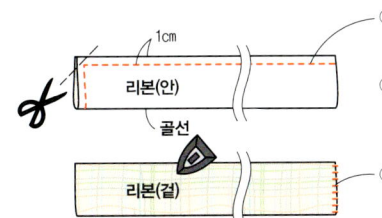

1cm

리본(안)

골선

리본(겉)

① 리본은 겉끼리 마주 대 반을 접어 1cm의 위치를 박고, 모서리는 자른다.

② 대나무 자나 가느다란 막대기 등을 사용해, 겉으로 뒤집은 후 다림질해 정돈한다.

③ 비어 있는 곳은 1cm로 접어 넣어, 손바느질한다.

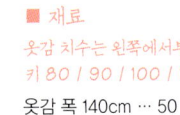

드로어즈풍 바지

photo p.17

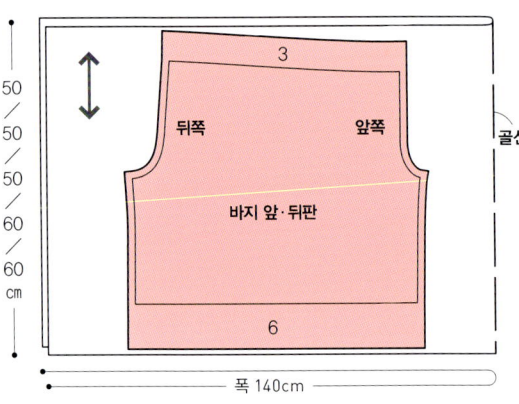

■ 재료

옷감 치수는 왼쪽에서부터
키 80 / 90 / 100 / 110 / 120cm 의 순

옷감 폭 140cm … 50 / 50 / 50 / 60 / 60cm
고무줄 폭 15mm … 41 / 43 / 45 / 47 / 49 cm
10 골 고무줄 … 46 / 48 / 50 / 52 / 54cm
단추 지름 … 11.5mm×1개

■ 마름질 방법

단위 cm 시접은 지정된 것 이외에는 1cm
옷감 치수는 위에서부터 키 80 / 90 / 100 / 110 / 120cm 순

50
／
50
／
50
／
60
／
60
cm

3

뒤쪽   앞쪽

골선

바지 앞·뒤판

6

폭 140cm

■ 실물 패턴지 C 면

* 바지 앞·뒤판

How to make

1 밑아래 박기

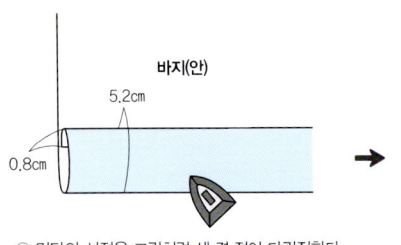

바지(안)

5.2cm

0.8cm

① 밑단의 시접을 그림처럼 세 겹 접어 다림질한다.

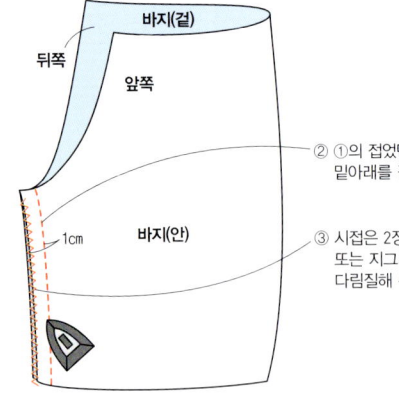

바지(겉)

뒤쪽

앞쪽

바지(안)

1cm

② ①의 접었던 곳을 펴서,
밑아래를 겉끼리 마주 대 박는다.

③ 시접은 2장을 한꺼번에 오버로크
또는 지그재그로 박고,
다림질해 뒤로 눕힌다.

❷ 밑위 박기

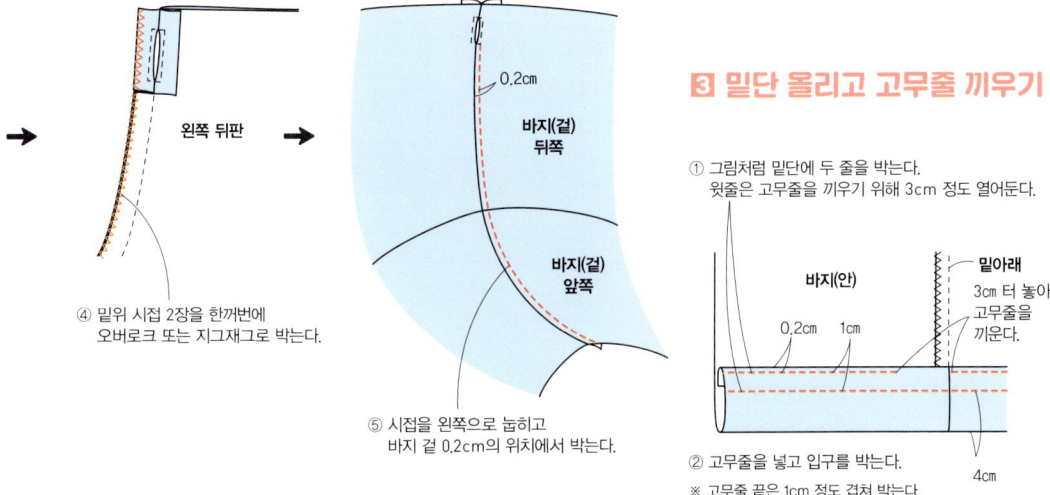

고무줄 넣는 입구
1.8cm
바지(안)
1cm
왼쪽 뒤판
오른쪽 앞판
바지(안)
1cm
1cm

① 밑위를 겉끼리 마주 대 박고, 뒤쪽은 그림처럼 고무줄 넣는 입구를 빼고 박는다.

1.8cm
0.2cm
(안)

② 그림처럼 고무줄 넣는 입구로 0.2cm 떨어진 왼쪽 뒤편 시접에 가위집을 낸다.

0.2cm
(안)

③ 시접을 가름솔 처리하고, 고무줄 넣을 입구 주변을 박는다.

왼쪽 뒤판

④ 밑위 시접 2장을 한꺼번에 오버로크 또는 지그재그로 박는다.

0.2cm
바지(겉) 뒤쪽
바지(겉) 앞쪽

⑤ 시접을 왼쪽으로 눕히고 바지 겉 0.2cm의 위치에서 박는다.

❸ 밑단 올리고 고무줄 끼우기

① 그림처럼 밑단에 두 줄을 박는다. 윗줄은 고무줄을 끼우기 위해 3cm 정도 열어둔다.

바지(안)
0.2cm 1cm
밑아래
3cm 터 놓아 고무줄을 끼운다.
4cm

② 고무줄을 넣고 입구를 박는다.
※ 고무줄 끝은 1cm 정도 겹쳐 박는다.
※ 고무줄의 길이는 (한쪽에) 23 / 24 / 25 / 26 / 27cm

❹ 허리선을 박고, 고무줄을 끼우기

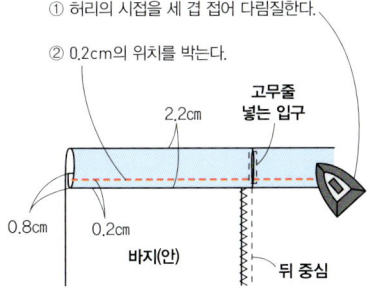

① 허리의 시접을 세 겹 접어 다림질한다.
② 0.2cm의 위치를 박는다.
2.2cm
고무줄 넣는 입구
0.8cm 0.2cm
바지(안)
뒤 중심

③ 고무줄 넣는 입구로 고무줄을 넣고, 고무줄 끝을 1cm 겹쳐 박는다.

❺ 단추 달기

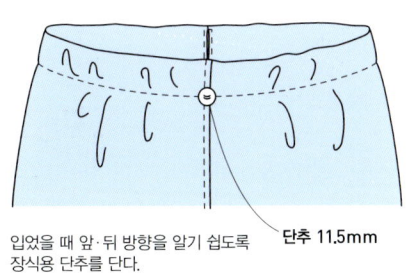

입었을 때 앞·뒤 방향을 알기 쉽도록 장식용 단추를 단다.
단추 11.5mm

51

j 크롭 바지

photo p.18

■ 재료

옷감 치수는 왼쪽에서부터
키 80 / 90 / 100 / 110 / 120cm 의 순

옷감 폭 110cm … 70 / 70 / 80 / 80 / 100cm
고무줄 폭 20mm … 41 / 43 / 45 / 47 / 49cm
1골 고무줄 … 30 / 32 / 34 / 36 / 38cm

■ 실물 패턴지 C 면

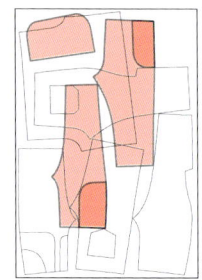

* 바지 앞판
* 바지 뒤판
* 주머니
* 앞 옆판
* 뒤 옆판

■ 마름질 방법

단위 cm 시접은 지정된 것 이외에는 1cm
옷감 치수는 위에서부터 키 80 / 90 / 100 / 110 / 120cm 순

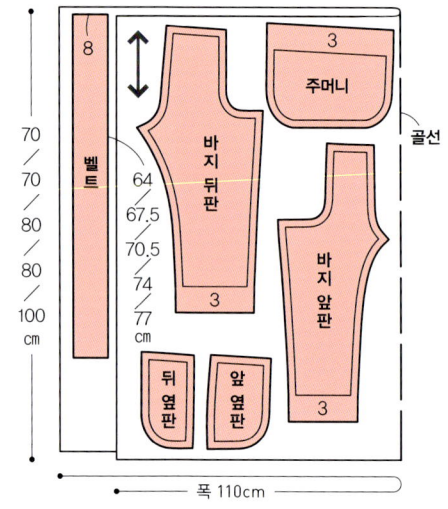

70 / 70 / 80 / 80 / 100 cm

64 / 67.5 / 70.5 / 74 / 77 cm

폭 110cm

How to make

1 옆판을 박고, 주머니를 만든다

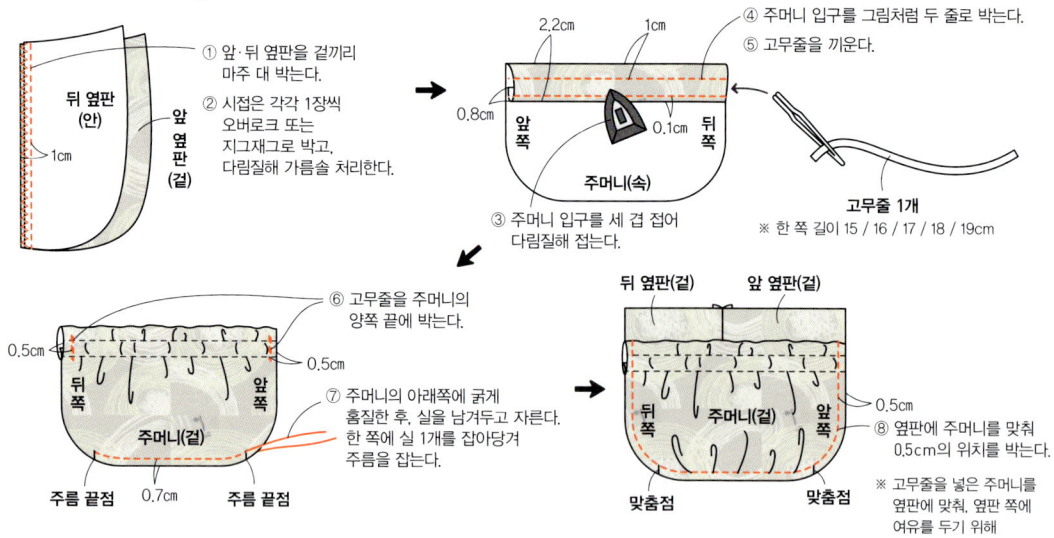

① 앞·뒤 옆판을 겉끼리 마주 대 박는다.
② 시접은 각각 1장씩 오버로크 또는 지그재그로 박고, 다림질해 가름솔 처리한다.

③ 주머니 입구를 세 겹 접어 다림질해 접는다.

④ 주머니 입구를 그림처럼 두 줄로 박는다.
⑤ 고무줄을 끼운다.

고무줄 1개
※ 한 쪽 길이 15 / 16 / 17 / 18 / 19cm

⑥ 고무줄을 주머니의 양쪽 끝에 박는다.
⑦ 주머니의 아래쪽에 굵게 홈질한 후, 실을 남겨두고 자른다. 한 쪽에 실 1개를 잡아당겨 주름을 잡는다.

⑧ 옆판에 주머니를 맞춰 0.5cm의 위치를 박는다.
※ 고무줄을 넣은 주머니를 옆판에 맞춰, 옆판 쪽에 여유를 두기 위해 느슨하게 박는다.

52

② 바지의 옆선을 박고, 옆판과 박아 맞추기

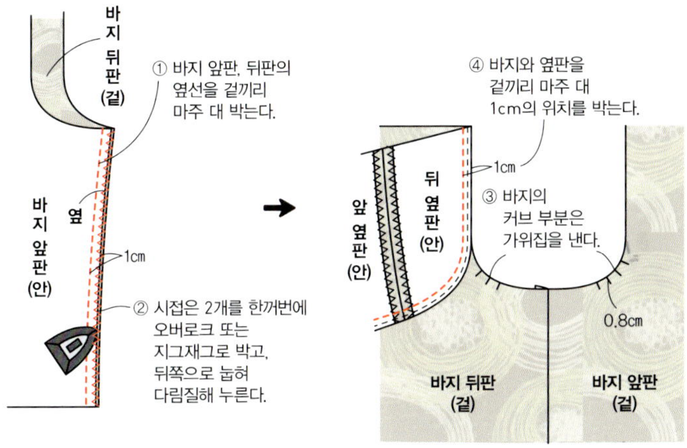

바지 뒤판(겉)

바지 앞판(안)

① 바지 앞판, 뒤판의 옆선을 겉끼리 마주 대 박는다.

옆

1cm

② 시접은 2개를 한꺼번에 오버로크 또는 지그재그로 박고, 뒤쪽으로 눕혀 다림질해 누른다.

앞 옆판(안)

뒤 옆판(안)

1cm

④ 바지와 옆판을 겉끼리 마주 대 1cm의 위치를 박는다.

③ 바지의 커브 부분은 가위집을 낸다.

바지 뒤판(겉)

바지 앞판(겉)

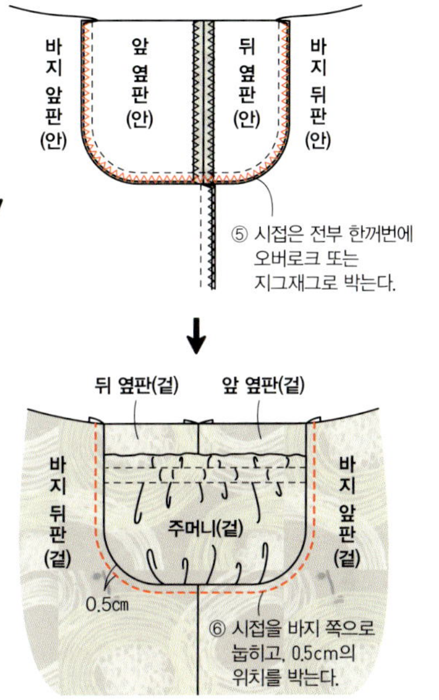

0.8cm

바지 앞판(안)

앞 옆판(안)

뒤 옆판(안)

바지 뒤판(안)

⑤ 시접은 전부 한꺼번에 오버로크 또는 지그재그로 박는다.

뒤 옆판(겉)

앞 옆판(겉)

바지 뒤판(겉)

주머니(겉)

바지 앞판(겉)

0.5cm

⑥ 시접을 바지 쪽으로 눕히고, 0.5cm의 위치를 박는다.

③ 밑아래 박기

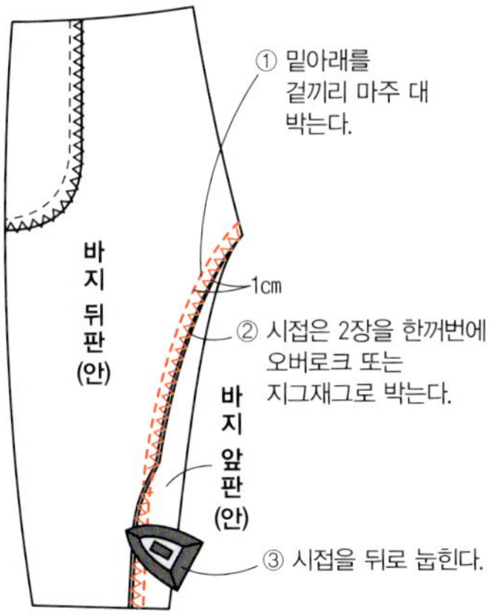

바지 뒤판(안)

① 밑아래를 겉끼리 마주 대 박는다.

1cm

바지 앞판(안)

② 시접은 2장을 한꺼번에 오버로크 또는 지그재그로 박는다.

③ 시접을 뒤로 눕힌다.

④ 밑위 박기

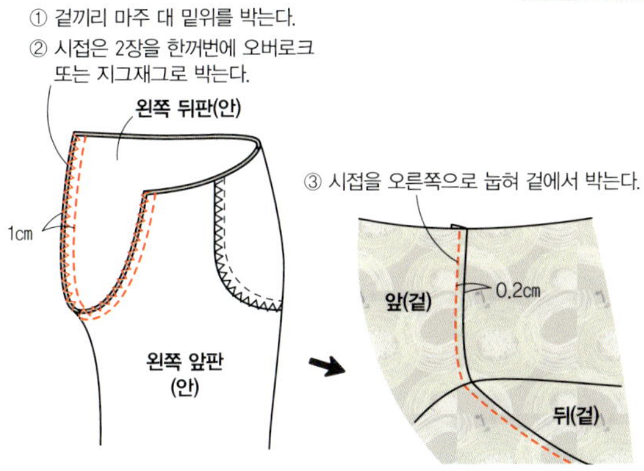

① 겉끼리 마주 대 밑위를 박는다.
② 시접은 2장을 한꺼번에 오버로크 또는 지그재그로 박는다.

왼쪽 뒤판(안)

1cm

왼쪽 앞판(안)

③ 시접을 오른쪽으로 눕혀 겉에서 박는다.

앞(겉)

0.2cm

뒤(겉)

⑤ 밑단 올리기

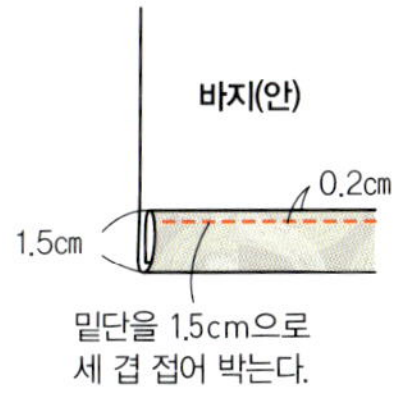

바지(안)

0.2cm

1.5cm

밑단을 1.5cm으로 세 겹 접어 박는다.

⑥ 벨트 달기

① 벨트를 다림질해 완성 폭에 맞춰 접는다.

3cm

1cm

벨트(겉) 바깥쪽

0.1cm

② 접었던 부분을 펴서 고무줄 넣을 입구를 제외한 뒤 중심 부분을 박는다.

뒤 중심

벨트(안) 바깥쪽

안쪽

1cm

앞 중심

고무줄 넣는 입구

③ 시접은 가름솔 처리하고, 고무줄 넣을 입구 주변을 박는다.

바깥쪽

안쪽

0.2cm

고무줄 넣는 입구

1.1cm

벨트(겉)

0.2cm

시접은 접어 넣어준다.

1cm

벨트(안)

④ 바지에 벨트를 겉끼리 마주 대 1cm의 위치를 박는다.

바지 앞판(겉)

바지 뒤판(안)

벨트(겉)

0.1cm

바지 앞판(겉)

⑤ 벨트 모양을 정돈한 후, 0.1cm 위치를 겉에서 박는다.

⑥ 고무줄 넣는 입구로 고무줄을 넣고, 고무줄 끝을 1cm 겹쳐 박는다.

1cm

고무줄

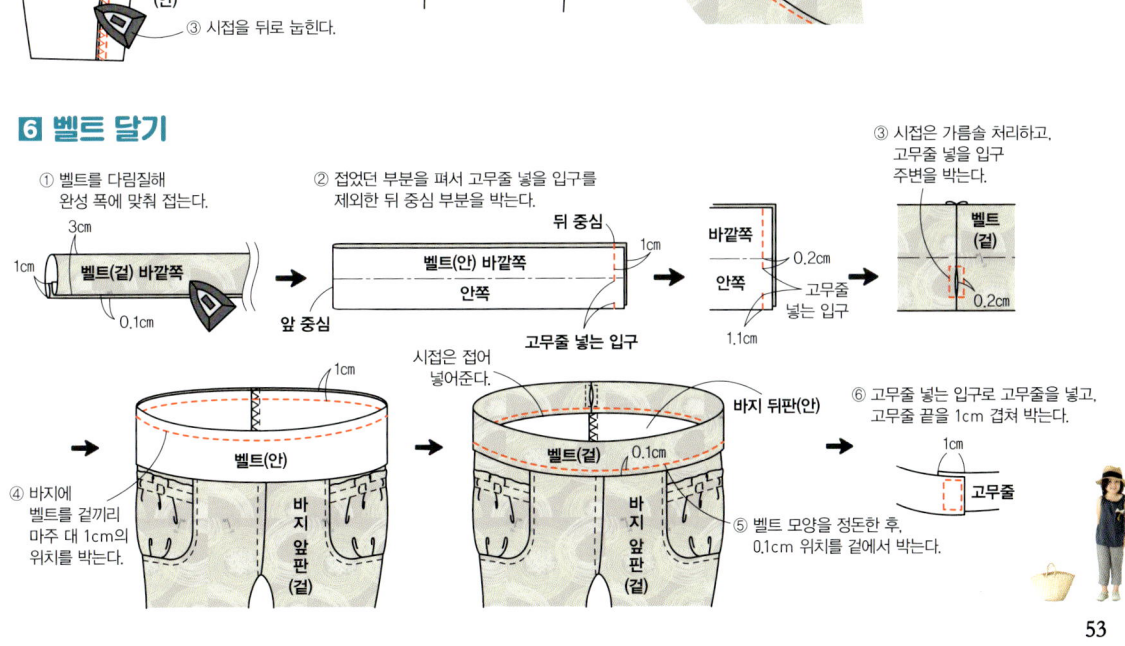

k 조퍼스 팬츠(승마 바지)

photo p.19

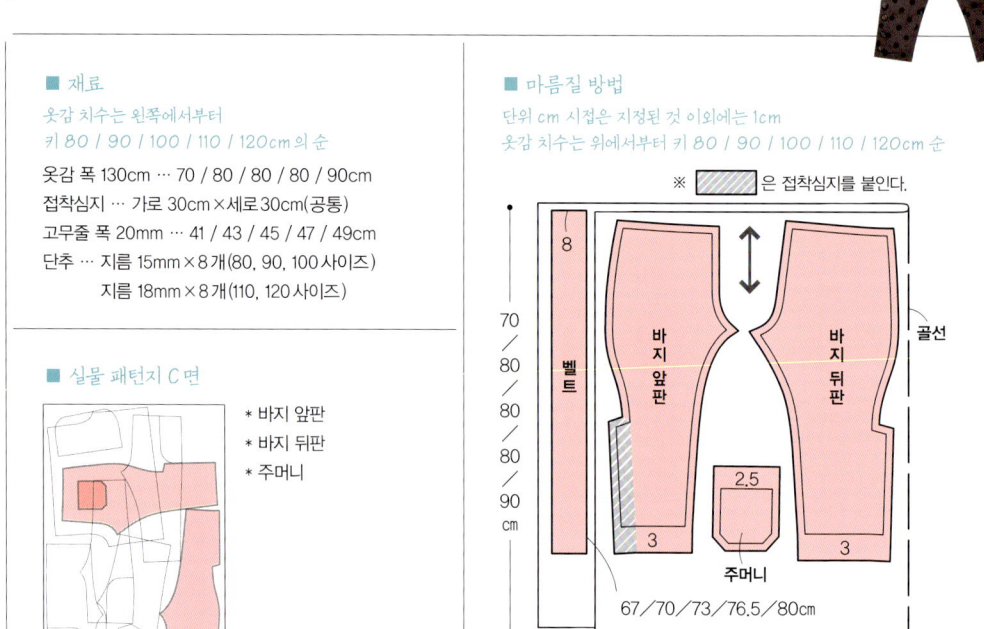

■ 재료

옷감 치수는 왼쪽에서부터
키 80 / 90 / 100 / 110 / 120cm의 순

옷감 폭 130cm … 70 / 80 / 80 / 80 / 90cm
접착심지 … 가로 30cm×세로 30cm(공통)
고무줄 폭 20mm … 41 / 43 / 45 / 47 / 49cm
단추 … 지름 15mm×8개(80, 90, 100 사이즈)
　　　지름 18mm×8개(110, 120 사이즈)

■ 실물 패턴지 C 면

* 바지 앞판
* 바지 뒤판
* 주머니

■ 마름질 방법

단위 cm 시접은 지정된 것 이외에는 1cm
옷감 치수는 위에서부터 키 80 / 90 / 100 / 110 / 120cm 순

※ ▨ 은 접착심지를 붙인다.

벨트 8
바지 앞판
바지 뒤판
골선
70 / 80 / 80 / 80 / 90 cm
주머니 2.5 / 3
3 / 3
67 / 70 / 73 / 76.5 / 80cm
폭 130cm

How to make

1 뒷주머니 붙이기

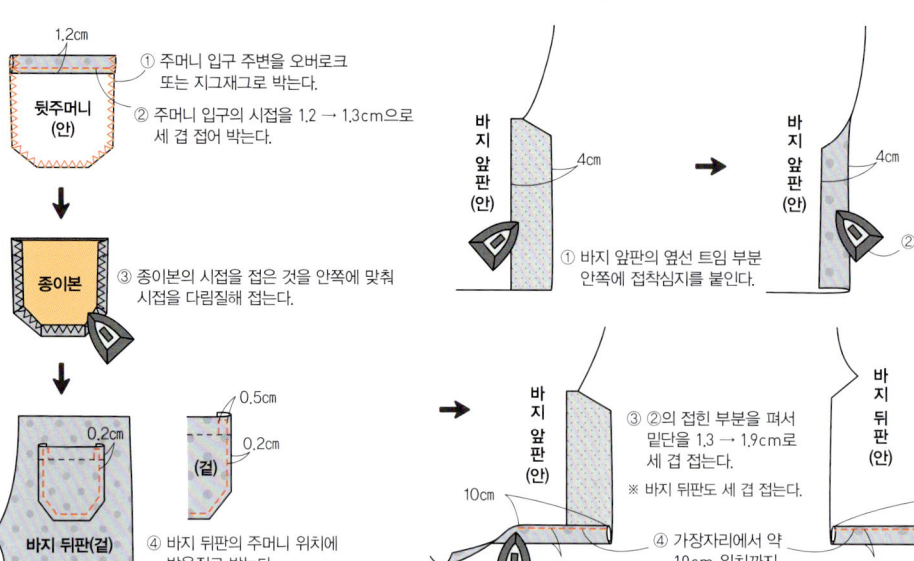

1.2cm
뒷주머니 (안)

① 주머니 입구 주변을 오버로크 또는 지그재그로 박는다.

② 주머니 입구의 시접을 1.2 → 1.3cm으로 세 겹 접어 박는다.

종이본

③ 종이본의 시접을 접은 것을 안쪽에 맞춰 시접을 다림질해 접는다.

0.2cm
0.5cm
0.2cm
(겉)

바지 뒤판(겉)

④ 바지 뒤판의 주머니 위치에 박음질로 박는다.

2 옆선 박기, 커프스 트임 만들기

바지 앞판 (안)
4cm

① 바지 앞판의 옆선 트임 부분 안쪽에 접착심지를 붙인다.

바지 앞판 (안)
4cm

② 트임 끝선부터 아래까지 다림질해 접는다.

바지 앞판 (안)
10cm
1.5cm

③ ②의 접힌 부분을 펴서 밑단을 1.3 → 1.9cm로 세 겹 접는다.

※ 바지 뒤판도 세 겹 접는다.

바지 뒤판 (안)
10cm
1.5cm

④ 가장자리에서 약 10cm 위치까지 박는다.

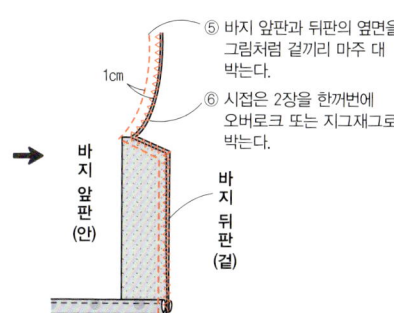

⑤ 바지 앞판과 뒤판의 옆면을 그림처럼 겉끼리 마주 대 박는다.

⑥ 시접은 2장을 한꺼번에 오버로크 또는 지그재그로 박는다.

1cm

바지 앞판 (안)

바지 뒤판 (겉)

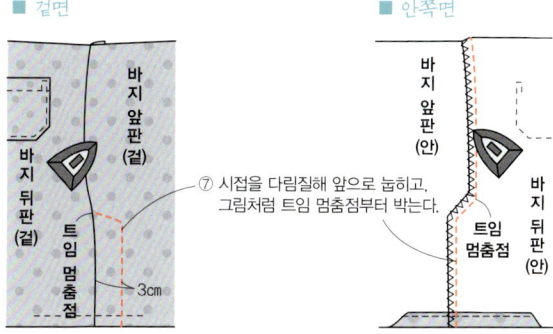

■ 겉면

바지 앞판 (겉)

바지 뒤판 (겉)

트임 멈춤점

3cm

■ 안쪽면

바지 앞판 (안)

바지 뒤판 (안)

트임 멈춤점

⑦ 시접을 다림질해 앞으로 눕히고, 그림처럼 트임 멈춤점부터 박는다.

③ 밑아래 박기

바지 앞판(겉)

1cm

바지 뒤판 (안)

① 밑아래를 겉끼리 마주대기로 박는다.

② 시접은 2장을 한꺼번에 오버로크 또는 지그재그로 박는다.

④ 밑단 올리기

밑 아래쪽의 밑단의 시접을 박고, 밑단을 올린다.

바지 뒤판 (안)

바지 앞판 (안)

1.5cm

⑤ 밑위 박기

① 겉끼리 마주 대 밑위를 박는다.

② 시접은 2장을 한꺼번에 오버로크 또는 지그재그로 박는다.

왼쪽 뒤판(안)

1cm

오른쪽 앞판(안)

앞(겉)

뒤(겉)

③ 시접을 오른쪽으로 눕히고, 겉에서 박는다.

⑥ 벨트 달기

① 벨트는 다림질해 완성 폭에 맞춰 접는다.

3cm

1cm

벨트(겉) 바깥쪽

0.1cm

앞 중심

뒤 중심

1cm

벨트(안) 바깥쪽

안쪽

고무줄 넣는 입구

② 접었던 벨트를 다시 펴고, 고무줄 넣는 입구를 제외하고 뒤 중심을 박는다.

바깥쪽

0.2cm

안쪽

고무줄 넣는 입구

1.1cm

벨트 (겉)

0.2cm

③ 시접은 가름솔 처리하고, 고무줄 넣을 입구 주변을 박는다.

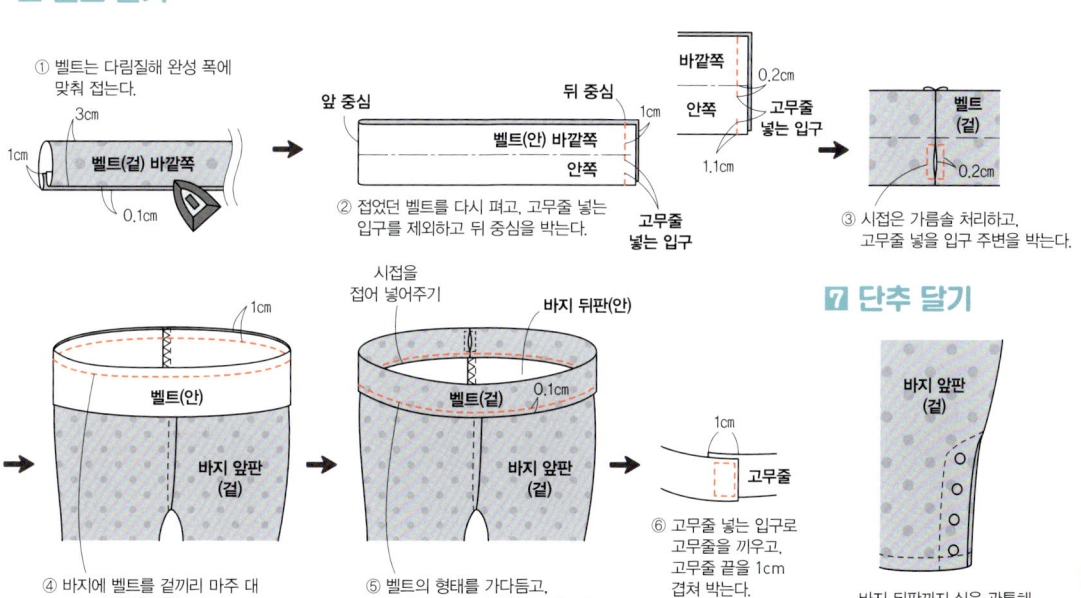

1cm

벨트(안)

바지 앞판 (겉)

④ 바지에 벨트를 겉끼리 마주 대 1cm의 위치를 박는다.

시접을 접어 넣어주기

바지 뒤판(안)

벨트(겉)

0.1cm

바지 앞판 (겉)

⑤ 벨트의 형태를 가다듬고, 겉에서 0.1cm의 위치를 박는다.

1cm

고무줄

⑥ 고무줄 넣는 입구로 고무줄을 끼우고, 고무줄 끝을 1cm 겹쳐 박는다.

⑦ 단추 달기

바지 앞판 (겉)

바지 뒤판까지 실을 관통해 단추를 단다.

1

세일러 사루엘 팬츠(세일러풍 배기 바지)

photo p.20

■ 재료
옷감 치수는 왼쪽에서부터
키 80 / 90 / 100 / 110 / 120cm의 순

옷감 폭 105cm ··· 90 / 100 / 100 / 110 / 130cm
접착심지 ··· 가로 50cm×세로30cm (공통)
고무줄 ··· 폭 20mm 41 / 43 / 45 / 47 / 49cm
단추 ··· 지름 15mm×8개

■ 실물 패턴지 B면

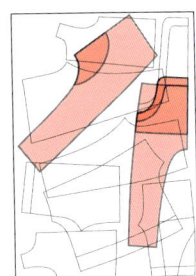

* 바지 뒤판
* 가슴받이
* 바지 앞판
* 덧댐 천
* 뒷바대

■ 마름질 방법
단위 cm 시접은 지정된 것 이외에는 1cm
옷감 치수는 위에서부터 키 80 / 90 / 100 / 110 / 120cm 순

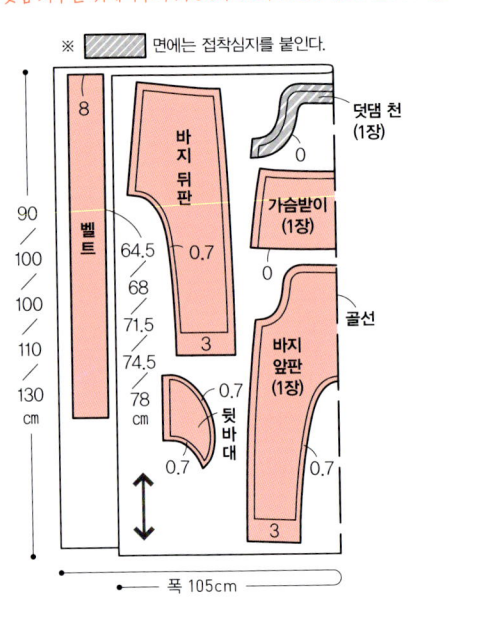

※ ▨ 면에는 접착심지를 붙인다.

How to make

1 바지 뒤판에 바대 붙이기

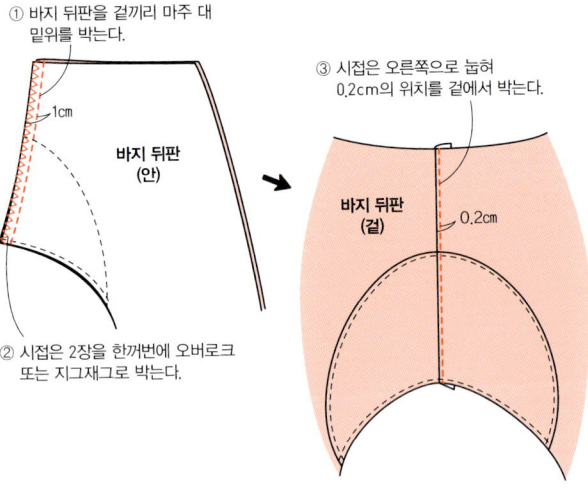

① 두꺼운 종이로 뒷바대의 모양을 만들어
그림처럼 다림질해 접는다.

② 바지 뒤판에 바대를 맞춰
0.2cm의 위치를 박는다.

③ 밑 위와 밑 아래의 시접을
0.5cm의 위치에서 임시 고정한다.

2 바지 뒤판의 밑위 박기

① 바지 뒤판을 겉끼리 마주 대
밑위를 박는다.

② 시접은 2장을 한꺼번에 오버로크
또는 지그재그로 박는다.

③ 시접은 오른쪽으로 눕혀
0.2cm의 위치를 겉에서 박는다.

③ 바지 앞판에 덧댐 천 붙이기

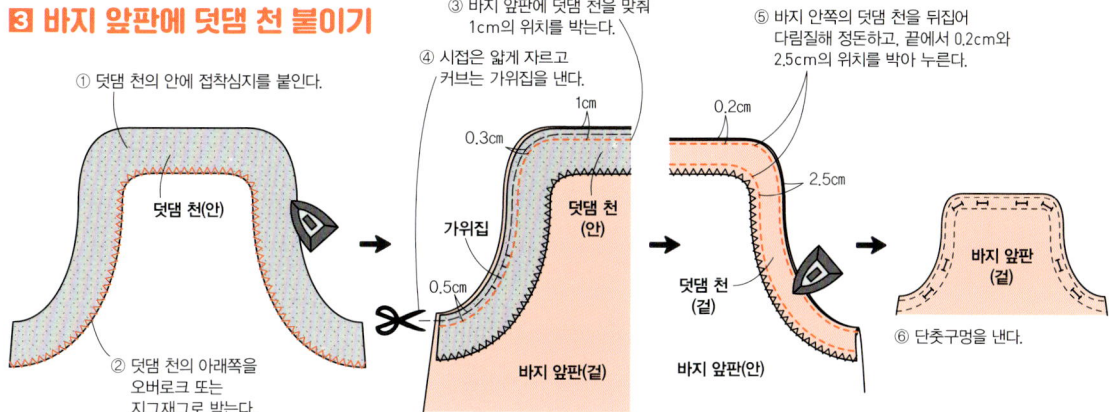

③ 바지 앞판에 덧댐 천을 맞춰 1cm의 위치를 박는다.

④ 시접은 얇게 자르고 커브는 가위집을 낸다.

① 덧댐 천의 안에 접착심지를 붙인다.

덧댐 천(안)

② 덧댐 천의 아래쪽을 오버로크 또는 지그재그로 박는다.

1cm
0.3cm

가위집
덧댐 천(안)

0.5cm

바지 앞판(겉)

⑤ 바지 안쪽의 덧댐 천을 뒤집어 다림질해 정돈하고, 끝에서 0.2cm와 2.5cm의 위치를 박아 누른다.

0.2cm
2.5cm

바지 앞판(안)

덧댐 천(겉)

바지 앞판(겉)

⑥ 단춧구멍을 낸다.

④ 바지 앞판에 가슴받이 맞추기

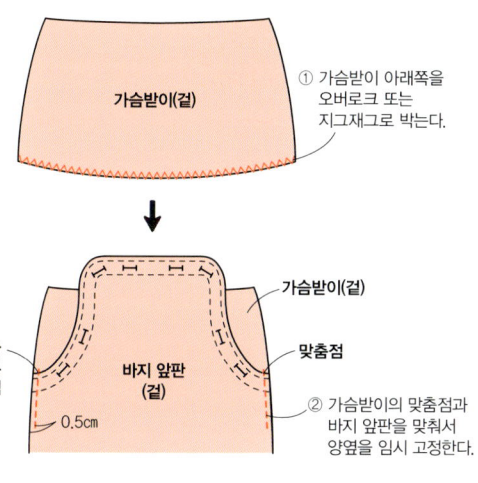

① 가슴받이 아래쪽을 오버로크 또는 지그재그로 박는다.

가슴받이(겉)

맞춤점

바지 앞판(겉)

0.5cm

가슴받이(겉)

맞춤점

② 가슴받이의 맞춤점과 바지 앞판을 맞춰서 양옆을 임시 고정한다.

⑤ 밑아래 박기

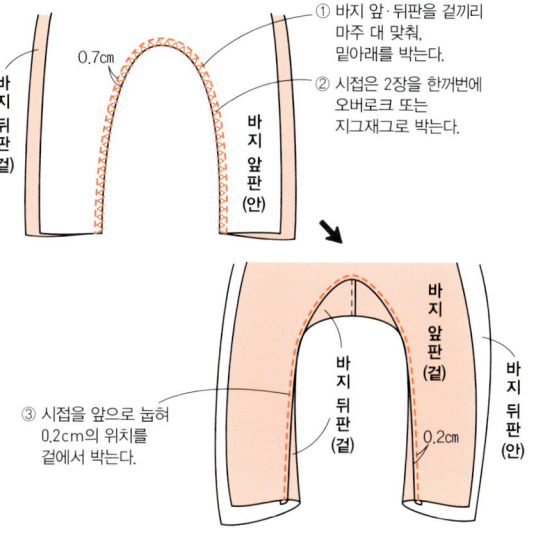

① 바지 앞·뒤판을 겉끼리 마주 대 맞춰, 밑아래를 박는다.

② 시접은 2장을 한꺼번에 오버로크 또는 지그재그로 박는다.

0.7cm

바지 뒤판(겉)

바지 앞판(안)

③ 시접을 앞으로 눕혀 0.2cm의 위치를 겉에서 박는다.

바지 앞판(겉)

바지 뒤판(겉)

바지 뒤판(안)

0.2cm

⑥ 옆선 박기

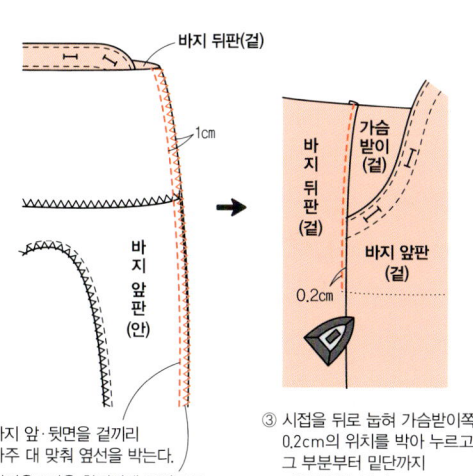

바지 뒤판(겉)

1cm

바지 앞판(안)

① 바지 앞·뒷면을 겉끼리 마주 대 맞춰 옆선을 박는다.

② 시접은 2장을 한꺼번에 오버로크 또는 지그재그로 박는다.

가슴받이(겉)

바지 뒤판(겉)

바지 앞판(겉)

0.2cm

③ 시접을 뒤로 눕혀 가슴받이쪽은 0.2cm의 위치를 박아 누르고, 그 부분부터 밑단까지 다림질해 누른다.

⑦ 밑단 올리기

⑧ 벨트 달기

* p.35의 g.사루엘 살로페트의 ⑨ ⑩ 참고

⑨ 단추 달기

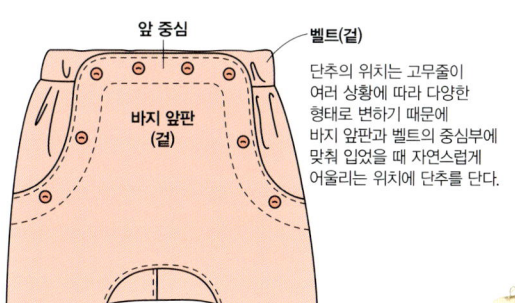

앞 중심

벨트(겉)

바지 앞판(겉)

단추의 위치는 고무줄이 여러 상황에 따라 다양한 형태로 변하기 때문에 바지 앞판과 벨트의 중심부에 맞춰 입었을 때 자연스럽게 어울리는 위치에 단추를 단다.

57

m 카고 바지

photo p.21

■ 재료

옷감 치수는 왼쪽에서부터
키 80 / 90 / 100 / 110 / 120cm 의 순

옷감 폭 110cm ··· 70 / 80 / 80 / 90 / 90cm
별감 ··· 가로 40cm X 세로 20cm(공통)
접착심지 ··· 가로 20cmX 세로 20cm(공통)
다대 테이프(하프 바이어스) 폭 12mm ··· 40cm(공통)
고무줄 폭 20mm ··· 41 / 43 / 45 / 47 / 49cm
단추 지름 ··· 15mm X 4개

■ 실물 패턴지 C 면

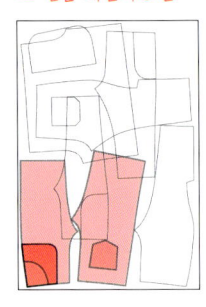

* 바지 뒤판
* 바지 옆판
* 뒷주머니
* 바지 앞판
* 속주머니

■ 마름질 방법

단위 cm 시접은 지정된 것 이외에는 1cm
옷감 치수는 위에서부터 키 80 / 90 / 100 / 110 / 120cm 순

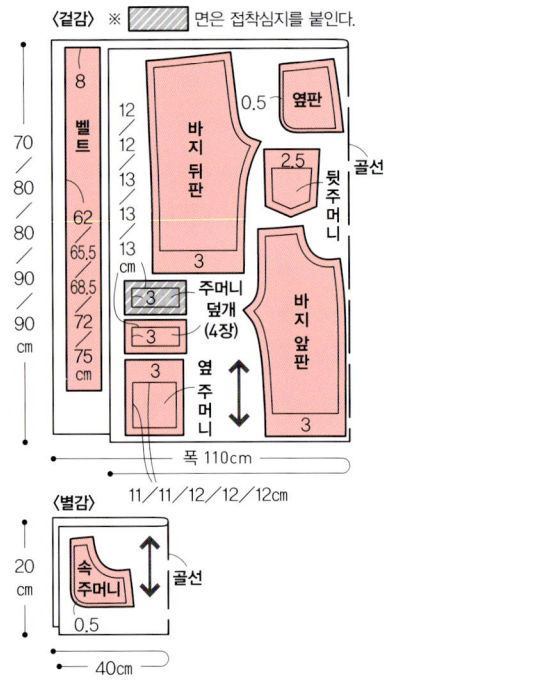

How to make

1 뒷주머니 달기

* p.42의 d.스트레치 팬츠의 1 참고

2 앞주머니 만들기

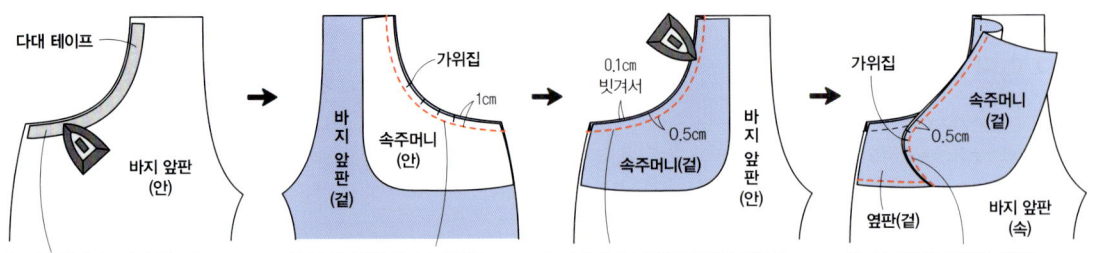

① 바지 앞판의 주머니 입구에
폭 1.2cm의 다대 테이프를
붙인다.

② 바지 앞판의 주머니 위치에
속주머니를 겉끼리 마주 대
커브는 가위집을 낸다.

③ 속주머니를 바지의 안쪽을 뒤집어
다림질해 정돈하고, 주머니 끝에서부터
0.5cm의 위치를 박는다.

④ 속주머니에 옆판을 겉끼리
마주 대 0.5cm의 위치를 박고,
커브는 가위집을 낸다.

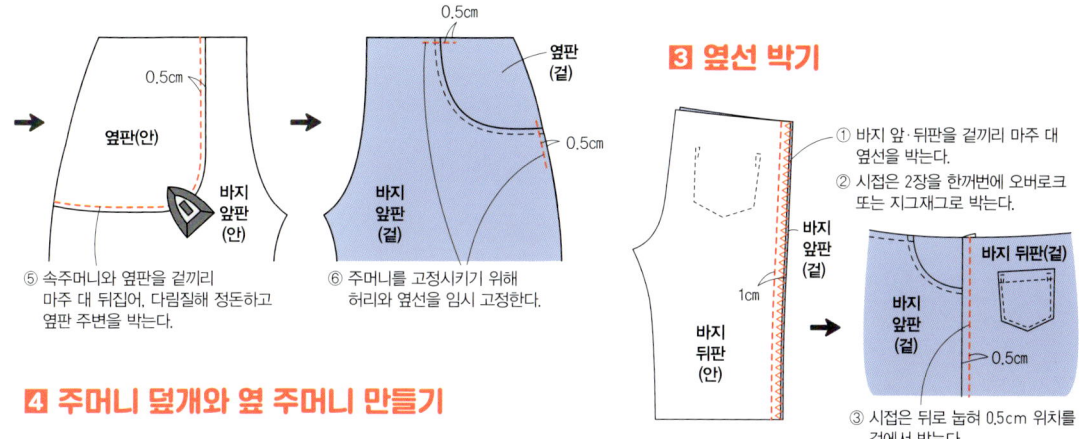

⑤ 속주머니와 옆판을 겉끼리 마주 대 뒤집어, 다림질해 정돈하고 옆판 주변을 박는다.

⑥ 주머니를 고정시키기 위해 허리와 옆선을 임시 고정한다.

③ 옆선 박기

① 바지 앞·뒤판을 겉끼리 마주 대 옆선을 박는다.

② 시접은 2장을 한꺼번에 오버로크 또는 지그재그로 박는다.

③ 시접은 뒤로 눕혀 0.5cm 위치를 겉에서 박는다.

④ 주머니 덮개와 옆 주머니 만들기

■ 주머니 덮개 만들기

* p.42의 d.스트레치 팬츠의 ② 참고

■ 옆 주머니 만들기

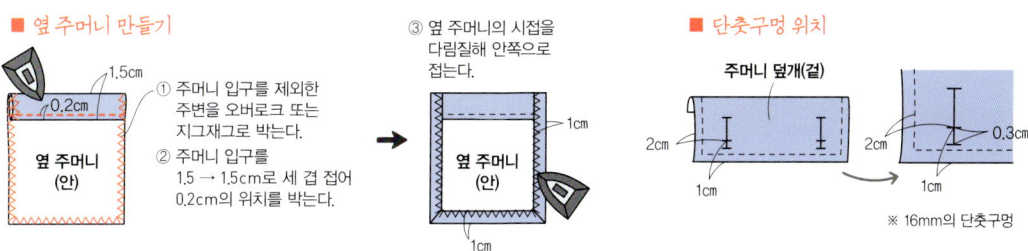

① 주머니 입구를 제외한 주변을 오버로크 또는 지그재그로 박는다.

② 주머니 입구를 1.5 → 1.5cm로 세 겹 접어 0.2cm의 위치를 박는다.

③ 옆 주머니의 시접을 다림질해 안쪽으로 접는다.

■ 단춧구멍 위치

※ 16mm의 단춧구멍

⑤ 주머니 덮개와 옆 주머니 달기

① 옆 주머니를 달 위치에 주머니를 맞춰, 시침바늘로 고정시키고 박는다.

② 덮개를 달 위치에 덮개를 맞춰 박는다.

③ 시접이 0.4cm가 되도록 자른다.

④ 덮개의 방향을 아래로 해서, 0.5cm의 위치를 박아 누른다.

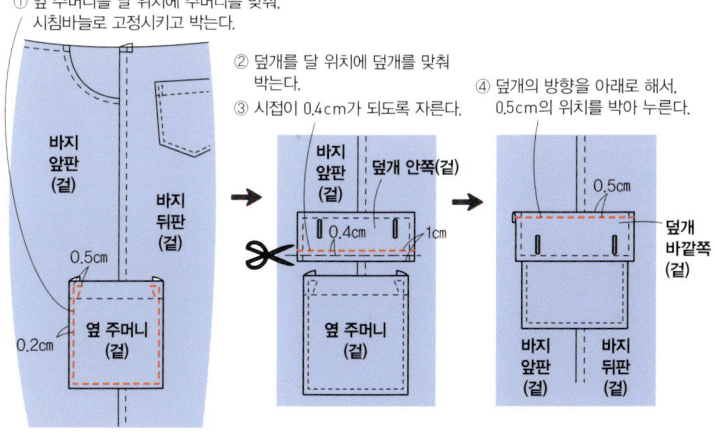

⑥ 밑아래 박기

* p.37의 a.트위스트 사루엘 팬츠의 ③ 참고

⑦ 밑위 박기

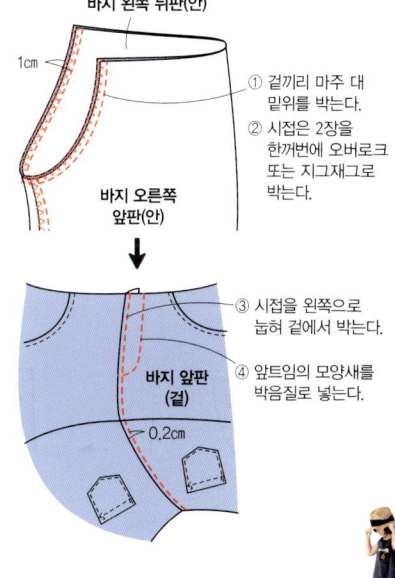

① 겉끼리 마주 대 밑위를 박는다.

② 시접은 2장을 한꺼번에 오버로크 또는 지그재그로 박는다.

③ 시접을 왼쪽으로 눕혀 겉에서 박는다.

④ 앞트임의 모양새를 박음질로 넣는다.

⑧ 밑단 올리기

⑨ 벨트 달기

* p.37의 a.트위스트 사루엘 팬츠의 ⑤ ⑥ 참고

⑩ 단추 달기

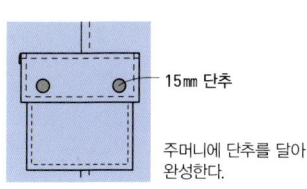

15㎜ 단추

주머니에 단추를 달아 완성한다.

n 랩 바지

photo p.22

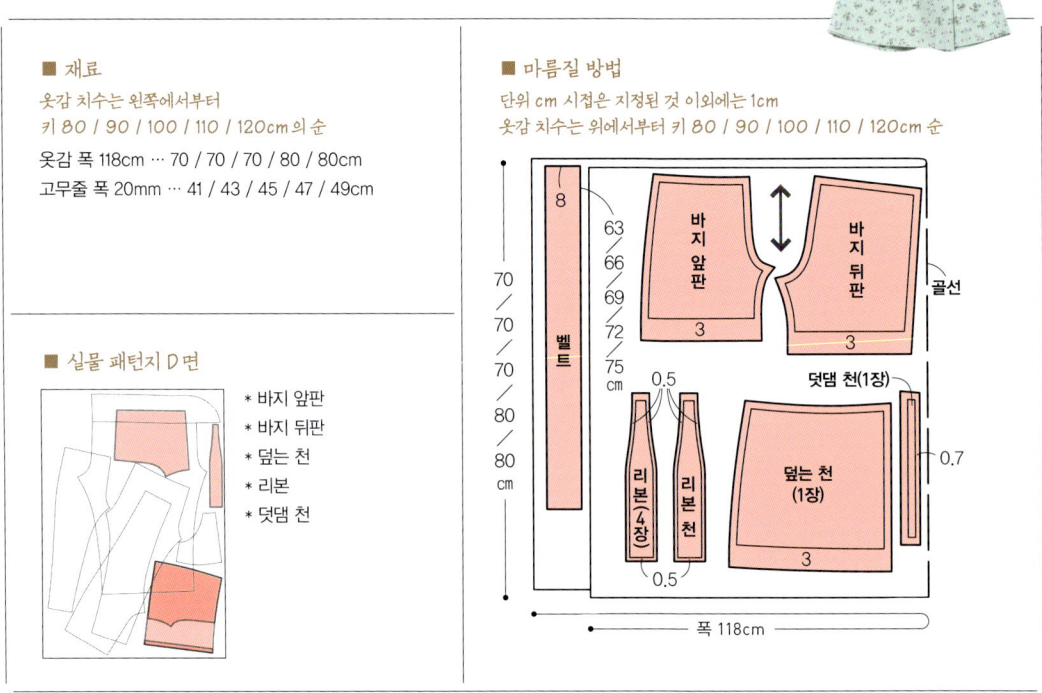

■ 재료

옷감 치수는 왼쪽에서부터
키 80 / 90 / 100 / 110 / 120cm 의 순
옷감 폭 118cm … 70 / 70 / 70 / 80 / 80cm
고무줄 폭 20mm … 41 / 43 / 45 / 47 / 49cm

■ 실물 패턴지 D 면

* 바지 앞판
* 바지 뒤판
* 덮는 천
* 리본
* 덧댐 천

■ 마름질 방법

단위 cm 시접은 지정된 것 이외에는 1cm
옷감 치수는 위에서부터 키 80 / 90 / 100 / 110 / 120cm 순

70 / 70 / 70 / 80 / 80 cm

8

63
66
69
72
75 cm

벨트

바지 앞판   3

바지 뒤판   3   골선

0.5

덧댐 천(1장)

0.7

리본(4장)   리본천

0.5

덮는 천 (1장)   3

폭 118cm

How to make

1 리본 만들기

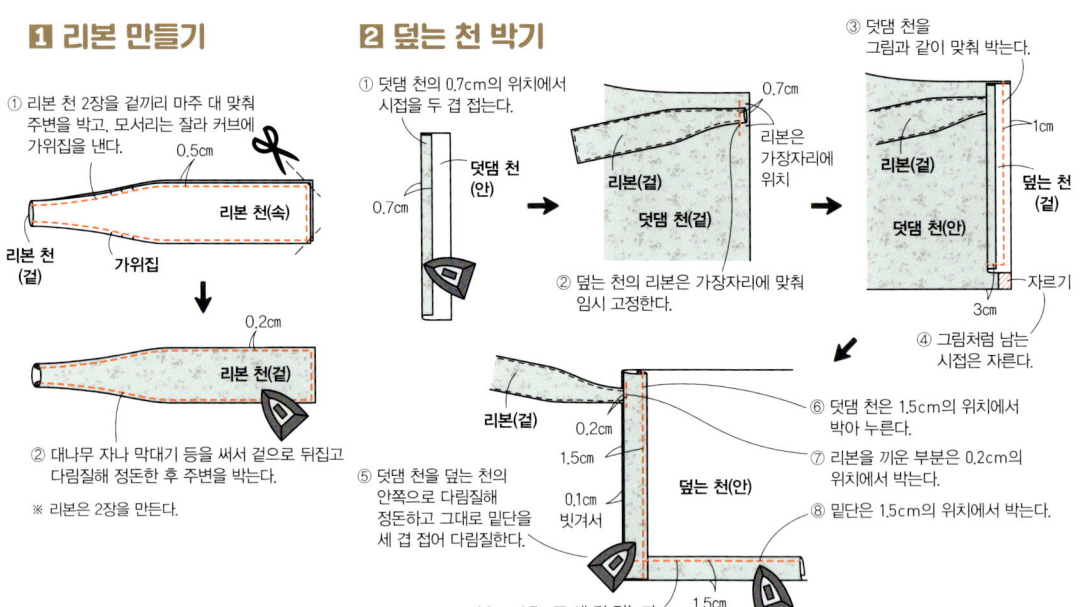

① 리본 천 2장을 겉끼리 마주 대 맞춰 주변을 박고, 모서리는 잘라 커브에 가위집을 낸다.

0.5cm

리본 천(속)

리본 천 (겉)   가위집

② 대나무 자나 막대기 등을 써서 겉으로 뒤집고 다림질해 정돈한 후 주변을 박는다.

0.2cm

리본 천(겉)

※ 리본은 2장을 만든다.

2 덮는 천 박기

① 덧댐 천의 0.7cm의 위치에서 시접을 두 겹 접는다.

덧댐 천 (안)

0.7cm

리본(겉)

덧댐 천(겉)

② 덮는 천의 리본은 가장자리에 맞춰 임시 고정한다.

③ 덧댐 천을 그림과 같이 맞춰 박는다.

0.7cm

리본은 가장자리에 위치

1cm

리본(겉)

덧댐 천(안)

덮는 천 (겉)

3cm   자르기

④ 그림처럼 남는 시접은 자른다.

리본(겉)

0.2cm
1.5cm
0.1cm 빗겨서

⑤ 덧댐 천을 덮는 천의 안쪽으로 다림질해 정돈하고 그대로 밑단을 세 겹 접어 다림질한다.

덮는 천(안)

1.3 → 1.7cm로 세 겹 접는다.

1.5cm

⑥ 덧댐 천은 1.5cm의 위치에서 박아 누른다.

⑦ 리본을 끼운 부분은 0.2cm의 위치에서 박는다.

⑧ 밑단은 1.5cm의 위치에서 박는다.

3 옆선 박기

① 바지 왼쪽 앞판의 리본은 옷감을
   단 가장자리에 맞춰 임시 고정한다.

② 바지 왼쪽 앞판을 바지 왼쪽 뒤판과
   겉끼리 마주 대 옆을 박는다.

③ 시접은 2장을 한꺼번에
   오버로크 또는 지그재그로
   박고 다림질해 뒤로 넘긴다.

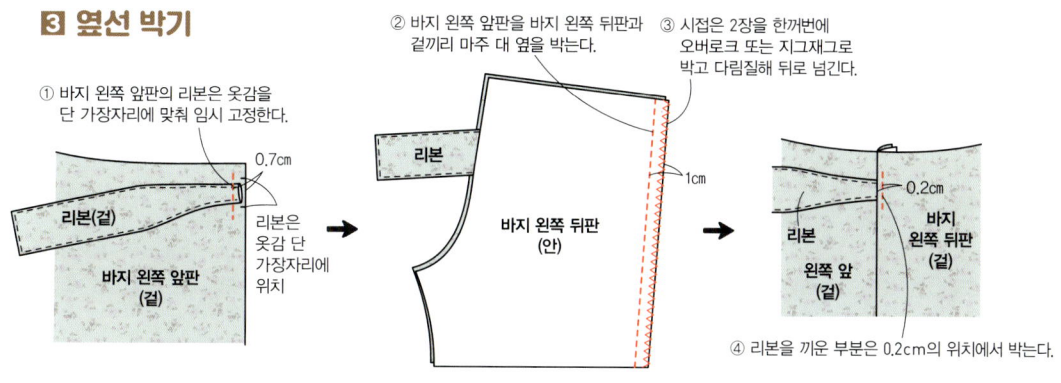

0.7cm

리본(겉)

리본은
옷감 단
가장자리에
위치

바지 왼쪽 앞판
(겉)

리본

바지 왼쪽 뒤판
(안)

1cm

리본

왼쪽 앞
(겉)

0.2cm

바지
왼쪽 뒤판
(겉)

④ 리본을 끼운 부분은 0.2cm의 위치에서 박는다.

⑤ 오른쪽 바지 앞판 옆선에 덮는 천을
   맞춰서 임시 고정한다.

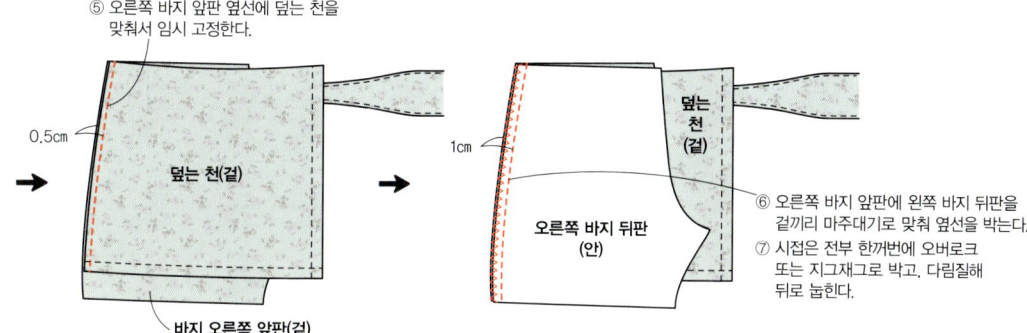

0.5cm

덮는 천(겉)

바지 오른쪽 앞판(겉)

1cm

오른쪽 바지 뒤판
(안)

덮는
천
(겉)

⑥ 오른쪽 바지 앞판에 왼쪽 바지 뒤판을
   겉끼리 마주대기로 맞춰 옆선을 박는다.

⑦ 시접은 전부 한꺼번에 오버로크
   또는 지그재그로 박고, 다림질해
   뒤로 눕힌다.

4 밑아래 박기

* p.37의 a.트위스트 사루엘 팬츠의 3 참고

5 밑위 박기

* p.37의 a.트위스트 사루엘 팬츠의 4의 ①, ②, ③번 참고

④ 덮는 천을 바지 앞판 허리 부분에 임시 고정한다.

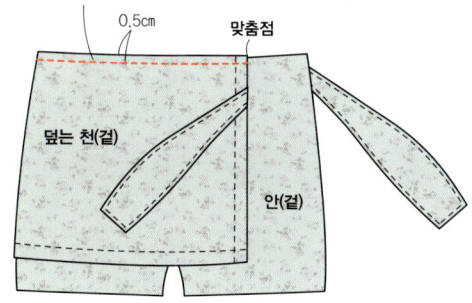

0.5cm

맞춤점

덮는 천(겉)

안(겉)

6 밑단 올리기

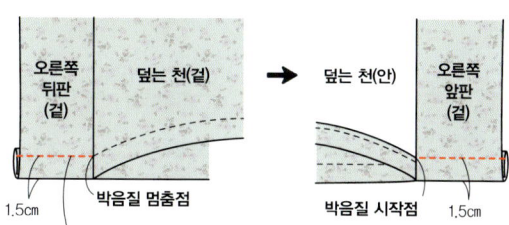

오른쪽
뒤판
(겉)

덮는 천(겉)

1.5cm

박음질 멈춤점

덮는 천(안)

오른쪽
앞판
(겉)

박음질 시작점

1.5cm

① 밑단의 시접을 1.3 → 1.7cm로
   세 겹 접어 다림질하고,
   1.5cm의 위치에서 박아
   밑단을 올린다.

※ 오른쪽 밑단은 덮는 천을 비껴 박는다.

7 벨트 달기

* p.37의 a.트위스트 사루엘 팬츠의 6 참고

O 허리 접이 바지

photo p.23

■ 재료
옷감 치수는 왼쪽에서부터
키 80 / 90 / 100 / 110 / 120cm 의 순

옷감 폭 110cm … 90 / 100 / 110 / 120 / 170cm
고무줄 폭 15mm … 40 / 42 / 44 / 46 / 48cm
1골 고무줄 … 34 / 36 / 38 / 40 / 42cm

■ 실물 패턴지 D면

* 허리 밴드
* 바지 앞 · 뒤판

■ 마름질 방법
단위 cm 시접은 지정된 것 이외에는 1cm
옷감 치수는 위에서부터 키 80 / 90 / 100 / 110 / 120cm 순

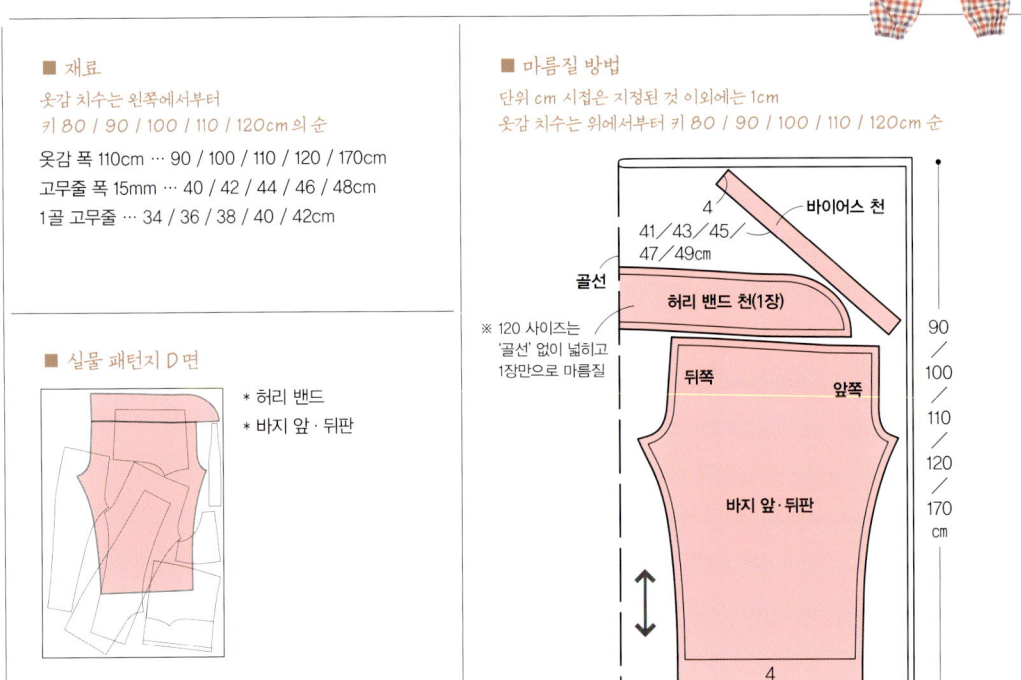

How to make

1 밑아래 박기

① 밑단의 시접을 세 겹 접어 다림질한다.

② ①에 접어놓았던 것을 펴, 밑아래를 겉끼리 마주 대 맞춰 박는다.

③ 시접은 2장을 한꺼번에 오버로크 또는 지그재그로 박고 뒤로 눕힌다.

2 밑위 박기

① 밑위를 겉끼리 마주 대 맞춰 박는다.

② 시접은 2장을 한꺼번에 오버로크 또는 지그재그로 박는다.

③ 시접을 오른쪽으로 눕혀 겉에서 박음질해 누른다.

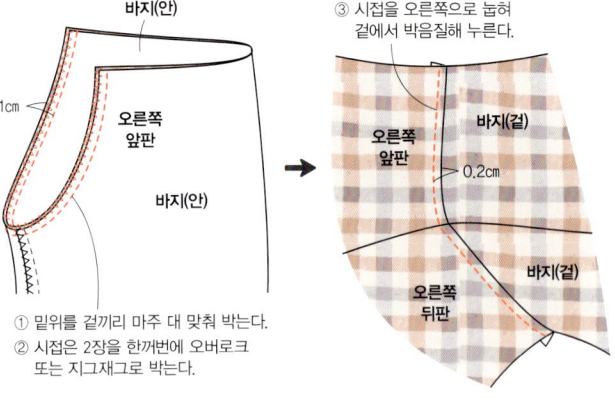

❸ 밑단 올려 고무 끼우기

① 밑단을 그림처럼 2줄로 박고,
위쪽에 고무줄 넣는 입구를 3cm 정도 터 둔다.

바지(안)　　**밑 아래**

0.2cm

1.2cm　1.8cm　　3cm 열어 고무줄을 끼운다

② 고무줄 넣는 입구로 고무줄을 넣은 후 입구를 막는다.

※ 고무줄 끝을 1cm 겹쳐 박는다.
※ 고무줄 길이는 (한쪽) 17 / 18 / 19 / 20 / 21cm

❹ 허리 밴드를 달아 고무줄을 끼우기

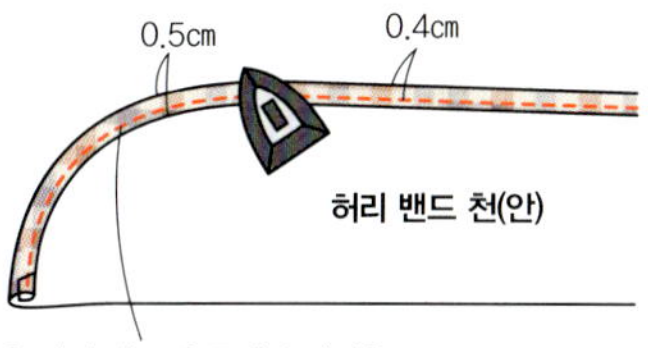

0.5cm　　0.4cm

허리 밴드 천(안)

① 허리 밴드의 주변의 시접을 0.5 → 0.5cm로
세 겹 접고, 0.4cm의 위치에서 박는다.

**바이어스 천
(겉)**　자른다.
0.5cm
(안)

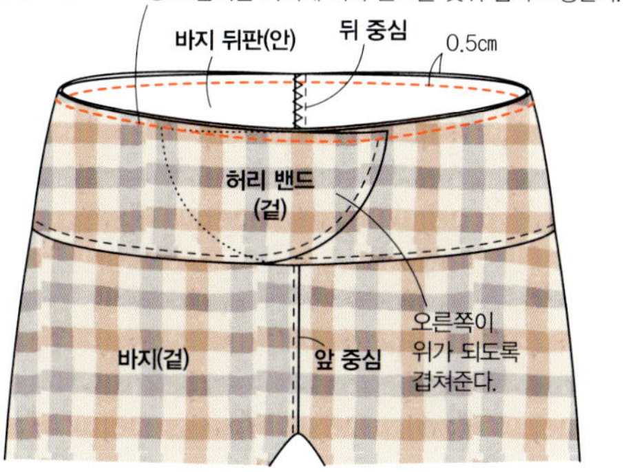

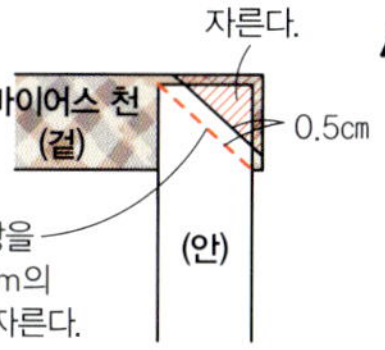

③ 바이어스 천 2장을
함께 박아, 0.5cm의
시접을 남기고 자른다.

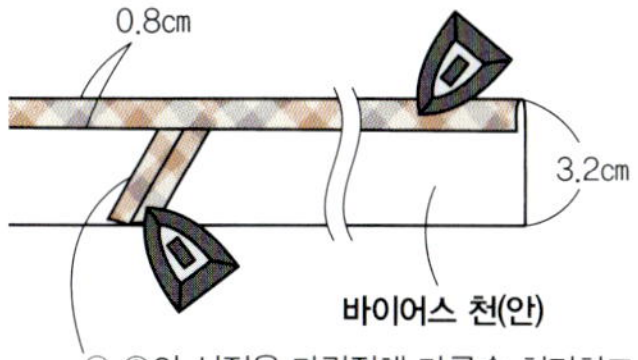

0.8cm
3.2cm
바이어스 천(안)

④ ③의 시접을 다림질해 가름솔 처리하고
바이어스 천의 한쪽을 그림의 모양처럼 접는다.

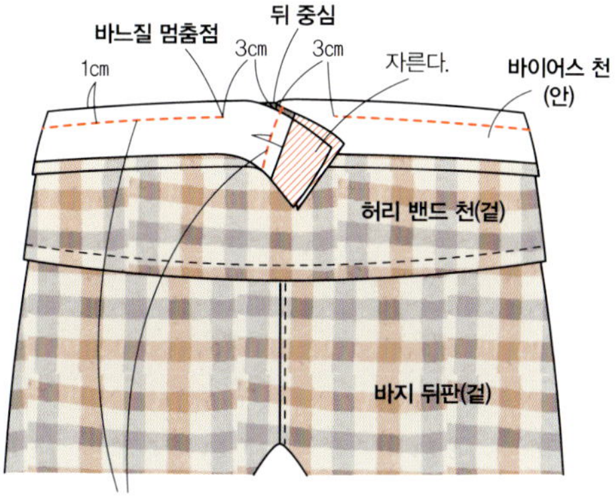

바이어스 천(안)

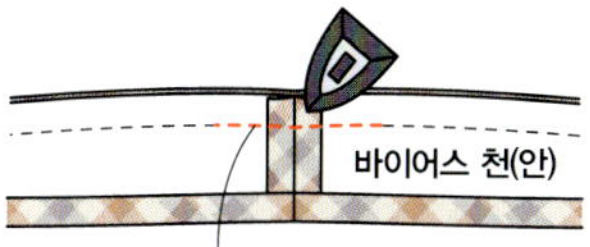

⑦ ⑥의 시접을 다림질해 가름솔 처리하고,
⑤에서 터놨던 부분을 박는다.

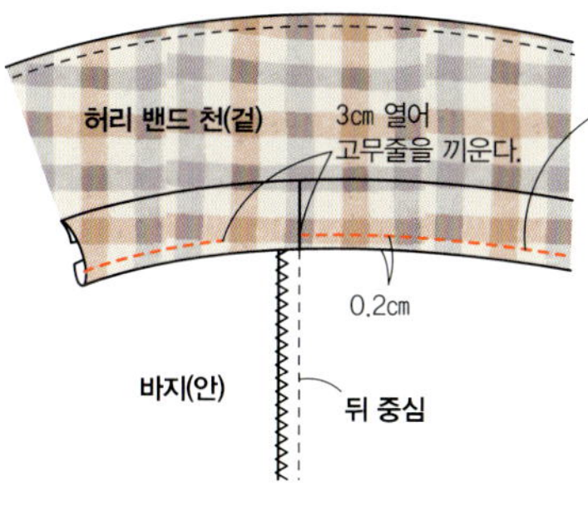

② 그림처럼 바지에 허리 밴드를 맞춰 임시 고정한다.

바지 뒤판(안)　**뒤 중심**　0.5cm

**허리 밴드
(겉)**

바지(겉)　　**앞 중심**

오른쪽이
위가 되도록
겹쳐준다.

바느질 멈춤점　**뒤 중심**
1cm　　3cm　3cm　자른다.　**바이어스 천
(안)**

허리 밴드 천(겉)

바지 뒤판(겉)

⑤ 허리에 바이어스 천을 맞춰 1cm의 위치에서 박는다.
⑥ 바이어스 천을 뒤 중심에 맞춰 겉끼리 마주 대 맞춰 박고,
남은 부분은 자른다.

허리 밴드 천(겉)　3cm 열어
고무줄을 끼운다.

0.2cm

바지(안)　**뒤 중심**

⑧ 바이어스 천을 바지 안쪽에서 뒤집어 꺼내
허리 밴드에 비껴서 박고, 고무줄을 넣는
입구를 터놓는다.

⑨ 고무줄 넣는 입구로 고무줄을 넣은 후
입구를 막는다.

※ 고무줄의 끝을 1cm 겹쳐 박는다.

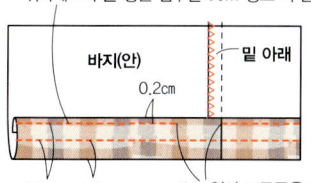

P 스패츠 (레깅스)

photo p.24

■ 재료

옷감 치수는 왼쪽에서부터

키 80 / 90 / 100 / 110 / 120cm 의 순

옷감(니트 원단/ 꽈배기 무늬) 폭 100cm …
    60 / 60 / 70 / 70 / 80cm

    (니트 원단/ 체크무늬) 폭 160cm …
    60 / 60 / 70 / 70 / 80cm
    * [SMILE]의 와플패치워크 / 퍼플

고무줄 폭 15mm … 39 / 41 / 43 / 45 / 47cm
* 실과 바늘은 니트 전용을 사용한다.

■ 실물 패턴지 D 면

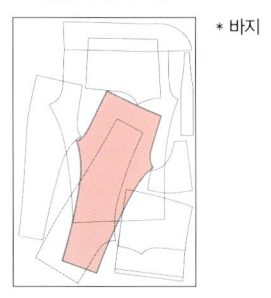

* 바지

■ 마름질 방법

단위 cm 시접은 지정된 것 이외에는 1cm
옷감 치수는 위에서부터 키 80 / 90 / 100 / 110 / 120cm 순

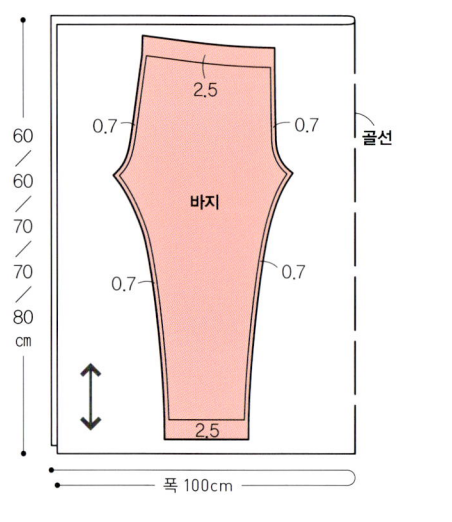

60 / 60 / 70 / 70 / 80 cm

2.5
0.7   0.7
골선
바지
0.7   0.7
2.5
폭 100cm

How to make

1 밑위 박기

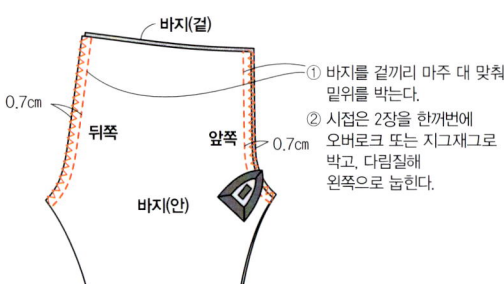

바지(겉)
0.7cm
뒤쪽   앞쪽
0.7cm
바지(안)

① 바지를 겉끼리 마주 대 맞춰 밑위를 박는다.
② 시접은 2장을 한꺼번에 오버록 또는 지그재그로 박고, 다림질해 왼쪽으로 눕힌다.

2 밑아래 박기

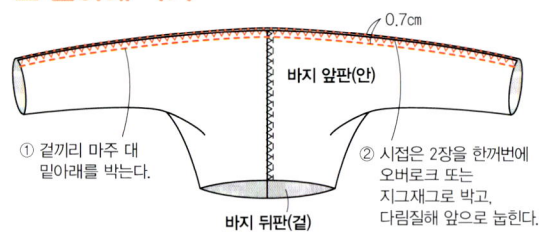

0.7cm
바지 앞판(안)
바지 뒤판(겉)

① 겉끼리 마주 대 밑아래를 박는다.
② 시접은 2장을 한꺼번에 오버록 또는 지그재그로 박고, 다림질해 앞으로 눕힌다.

3 밑단 올리기

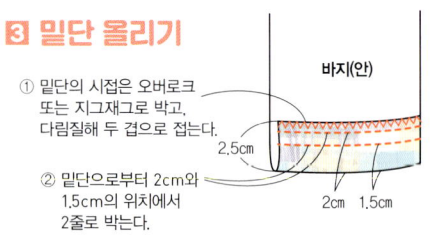

바지(안)
2.5cm
2cm 1.5cm

① 밑단의 시접은 오버록 또는 지그재그로 박고, 다림질해 두 겹으로 접는다.
② 밑단으로부터 2cm와 1.5cm의 위치에서 2줄로 박는다.

4 허리선 박기

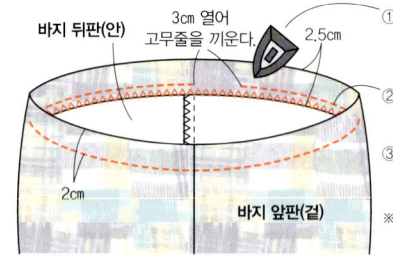

바지 뒤판(안)
3cm 열어 고무줄을 끼운다.
2.5cm
2cm
바지 앞판(겉)

① 허리의 시접 부분을 오버록 또는 지그재그로 박고, 다림질해 두 겹 접는다.
② 허리단으로부터 3cm 떨어진 위치에서 박는다.
③ ②에서 열어놓았던 고무줄 넣는 입구로 고무줄을 넣고 입구를 막는다.
※ 고무줄 끝을 1cm 겹쳐 박는다.

q 니트 테이퍼드 팬츠

photo p.26

■ 재료
옷감 치수는 왼쪽에서부터
키 80 / 90 / 100 / 110 / 120cm 의 순

옷감(니트) 폭 180cm … 50 / 50 / 50 / 70 / 70cm
고무줄 폭 15mm … 41/43/45/47/49cm
다대 테이프 니트용 폭 15mm … 40cm(공용)
※ 실과 바늘은 니트 전용으로 사용한다.

■ 실물 패턴지 D 면

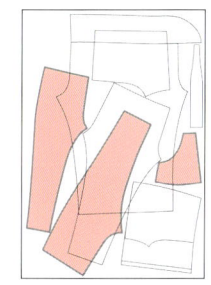

* 바지 앞판
* 바지 뒤판
* 주머니

■ 마름질 방법
단위 cm 시접은 지정된 것 이외에는 1cm
옷감 치수는 위에서부터 키 80 / 90 / 100 / 110 / 120cm 순

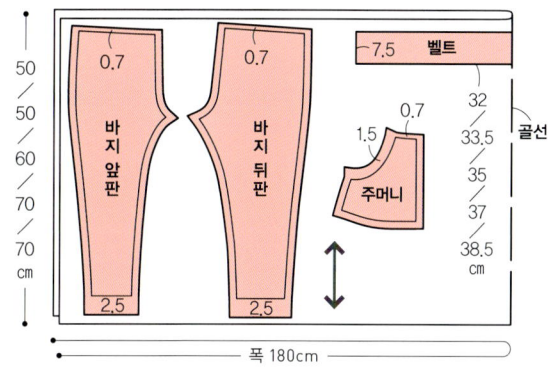

How to make

1 주머니 달기

① 주머니 입구에 다대 테이프를 붙인다.
② 주머니의 턱을 잡고 임시 고정한다.
③ 주머니의 주변을 오버로크 또는 지그재그로 박는다.
④ 주머니 입구의 시접을 다림질해 두 겹으로 접는다.
⑤ 1cm와 1.5cm의 위치에서 박는다.
⑥ 주머니 테두리의 시접을 다림질해 접는다.
⑦ 바지 앞판의 주머니 위치에 주머니를 올리고 0.2cm의 위치에서 박는다.
⑧ 주머니의 허리선과 옆선을 임시 고정한다.

2 옆선과 밑아래 박기
* p.45의 e.이지 팬츠의 3 참고

3 밑위 박기
* p.37의 a.트위스트 사루엘 팬츠의 4 참고

4 밑단 올리기
* p.64의 p.스패츠(레깅스)의 3 참고

5 벨트 달기

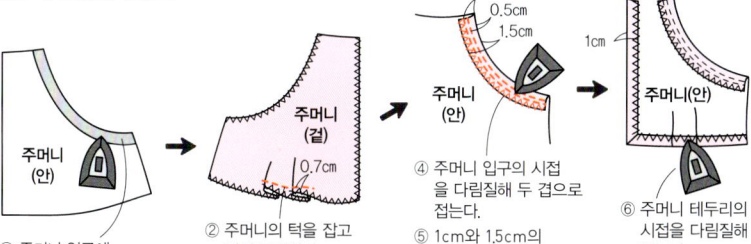

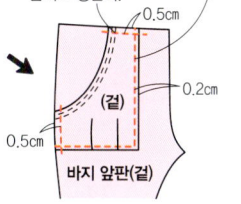

① 벨트를 반으로 접는다.
② 벨트의 접은 부분을 다시 펴, 뒤 중심의 고무줄 넣는 입구를 남기고 박는다.
③ 시접은 가름솔 처리하고, 고무줄 넣는 입구 주변을 박는다.
④ 벨트를 다시 반 접어, 끝에서 0.5cm의 위치에서 굵은 홈질로 임시 고정한다.
⑤ 바지에 벨트를 맞추고 0.7cm의 위치에서 박는다.
⑥ 시접은 전부 한꺼번에 오버로크 또는 지그재그로 박는다.

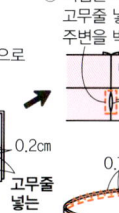

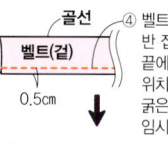

⑦ 시접을 다림질해 바지 안쪽으로 눕힌다.
⑧ 고무줄 넣는 입구로 고무줄을 끼우고 고무줄 끝을 1cm 겹쳐 박는다.

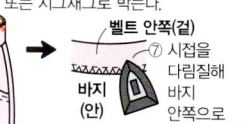
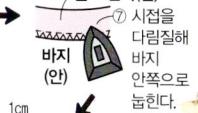

65

쉽게 만들어 편하게 입히는

× 우리 아이 ×
예쁜 바지 만들기

1판 1쇄 발행   2017년 7월 3일

저 자 | 아사이 마키코
역 자 | 이연심
발 행 인 | 김길수
발 행 처 | 영진닷컴
주 소 | (우)08505 서울 금천구 가산디지털2로 123
월드메르디앙벤처센터 2차 10층
등   록 | 2007. 4. 27. 제16-4189호

ISBN | 978-89-314-5615-8

도서문의처 | http://www.youngjin.com

YoungJin.com Y.
영진닷컴